L'Art de Cuisiner Lentement

Saveurs qui Mûrissent avec le Temps

Camille Dubois

Indice

Piment Mac Chi 10
Porc aux Légumes et Poivrons 12
Sud-ouest du Chili 13
Filet de Poivre 15
Piment fort aux Rajas 16
poivre de Habanero 17
Poivre du Rio Grande 18
Piment du Texas 20
poivre italien 22
poulet au poivre mesquite 24
Bœuf Chili Poblano 25
Tortilla au chili facile 26
tranches de tortillas 27
Chili texan en deux étapes 28
taco épicé 29
Chips de tortilla au four 30
crème au poivre 31
taupe de poivre 32
guacamole 33
poivre vert 34
Crème sure à la coriandre et aux piments forts 35
chorizo mexicain 36
Chorizo Mexicain Épicé 37
Fromage Blanco et poivrons avec sauce tomate rouge 38

Sauce Tomate Rouge	39
poivre ranchero	40
Courge au poivron jaune et haricots cannellini	42
Poivre méditerranéen	44
Piment fort aux haricots	46
Haricots poivre noir et blanc	47
Chili aux haricots et à la bière	49
Fusilli Haricots Épicés	50
Lentilles amères au bacon et à la bière	52
Légumes et lentilles amères	53
Chili végétarien aux haricots noirs et blancs	54
Chili aux haricots et maïs sucré	55
viande de piment	56
tortilla chaude	57
Chili chipotle à la patate douce	59
Poivre de sauge aux tomates fraîches Frais	60
Haricots noirs, riz et maïs chaud	61
sauce amère	62
poivre des Caraïbes	63
sauce à la mangue	65
Bœuf frit aux nouilles	66
Rôti de bœuf à la sauce au raifort	67
Sauerbraten	69
Faire frire dans une poêle	71
cafetière frite	72
boeuf bourguignon	73
poitrine grillée	75

Sandwichs au bœuf grillé... 76
frotter les épices 77
bavette fourrée aux champignons... 78
Poitrine braisée à la bière.. 79
Poitrine de Boeuf Farcie aux Légumes 81
Bicarbonate de soude au bœuf... 82
Rouladen.. 84
Rouladen italien 85
Rouladen grec... 86
côtes levées.. 87
Bœuf épicé au raifort 88
Boulettes de viande simples... 90
Boulettes de viande italiennes 91
Boulettes de viande au fromage salé... 93
Chutney de boulettes de viande et cacahuètes............................... 95
Sauce aux œufs au citron 97
Boulettes de viande au citron avec sauce aux œufs au citron........ 98
Pain Au Jambon Amer 100
Bœuf facile au vin et légumes 102
feuilles farcies.. 103
Boulettes de viande à la florentine... 105
Rigatoni aux boulettes de viande d'aubergines............................. 106
boulettes de viande d'aubergine.. 107
Boboti sud-africain... 108
viande de village.. 110
boeuf copieux... 112
Casserole de boeuf nature... 113

Bœuf aux herbes préféré de la famille	114
Porc Salé et Chorizo Mexicain	116
Tacos au porc et au chorizo	117
Porc aux pommes de terre et chou	119
Porc et choucroute	120
Porc finlandais aux betteraves et nouilles	121
porc allemand	122
Jambon aux haricots verts et pois chiches	123
Jambon et poivrons avec polenta	124
Saucisse fumée aux haricots	125
Courgettes aux saucisses fumées	126
Risotto Saucisse et Légumes	127
Lasagne aux saucisses	128
Ragoût d'agneau irlandais	129
Agneau au romarin et patates douces	130
Agneau aux haricots blancs et saucisses	131
Jarret d'agneau aux lentilles	132
agneau au poivre	133
agneau marocain	134
Agneau et Navet à la Coriandre	136
Tajine d'agneau et légumes	137
agneau de Marrakech	139
agneau biriani	141
goulasch aux deux viandes	142
Porc et poulet aux doubles champignons	144
Ragoût carélien	145
Agneau et Bœuf au Cognac	146

Goulasch de bœuf, de porc et de poulet *147*
risotto au poulet *149*
Poulet frit avec sauce aux canneberges et à l'orange *150*
saveur de myrtille et d'orange *151*
vraie purée de pommes de terre *152*
Poulet frit avec purée de pommes de terre et sauce *153*
Poulet vert thaï et curry de haricots *155*
Poitrine de poulet aux légumes épicés *156*
poulet au xérès *158*
Poulet Salé et Riz *159*
poulet méditerranéen *160*
Poulet indonésien aux courgettes *161*
Poitrine de poulet aux figues *163*
Plat de poulet avec sauce *164*
sauce taupe *165*
Canapé au poulet *166*
canapé salsa *167*
Casserole de poulet facile *168*
chili de poulet au poivron rouge *169*
poulet du village *171*
Poulet aux haricots et pois chiches *172*
Patates douces au poulet *173*
Casserole de poulet et purée de pommes de terre *174*
Poulet farci rôti lentement *176*
poulet et champignons *178*
Poulet et champignons sauvages *179*
poulet au citron *180*

Poulet au cidre et à la crème *181*
Poulet aux épinards et riz *182*
riz aux épinards *184*
Poulet à l'orange et légumes *185*
Poulet à l'orange et au gingembre avec courgettes *186*
Poulet aux Abricots *188*
Poulet Aux Noisettes *190*
Poulet au vin rouge aux champignons *192*
Poulet Véronique *194*
Poulet à l'estragon et à la moutarde *195*
Poulet au miel et moutarde *196*
Curry chinois de poulet, chili et maïs *197*
Poulet aigre-doux aux légumes *198*
Poulet aux tomates et haricots *200*
couscous poulet *201*
Poulet aux Légumes et Lentilles *203*
Poulet au couscous du jardin *204*
Ragoût de poulet *205*
gombo de poulet *207*
poulet El Paso *208*
Poulet au gombo et pois aux yeux noirs *209*
poulet du Brunswick *210*
poulet à la salsa verte *211*
Poulet aigre-doux des Caraïbes *212*
Curry de poulet à la banane et aux noix de cajou *214*
Saucisses créoles au maïs sucré *215*
Haricots noirs et gombo gombo *216*

Cordonnier facile au poulet et au céleri *217*
Poulet indonésien à la noix de coco *218*

Piment Mac Chi

Ce chili n'a besoin d'aucun autre accompagnement, ce qui en fait un repas merveilleusement facile à lui seul.

pour 8 personnes

450 g de viande hachée maigre
huile, pour lubrifier
2 oignons, hachés
1 poivron vert, haché
2 gousses d'ail, écrasées
1-2 cuillères à soupe de poudre de chili ou au goût
2 cuillères à café de cumin moulu
2 cuillères à café de thym séché
2 boîtes de 400g de tomates concassées
400 g de haricots rouges, égouttés et rincés
175 g de purée de tomates
175 ml de bière ou d'eau
1 cuillère à soupe de sucre roux clair
1 cuillère à soupe de cacao en poudre
sel et poivre noir fraîchement moulu, au goût
200 g de pâtes coudées cuites
50 g de fromage cheddar râpé
2 oignons nouveaux, tranchés
120 ml de crème sure

Cuire le bœuf haché dans une grande poêle légèrement huilée à feu moyen jusqu'à ce que le bœuf soit doré, environ 10 minutes, en le brisant avec une fourchette. Mélanger le bœuf et tous les autres ingrédients sauf le sel, le poivre, les macaronis, le fromage, les oignons verts et la crème sure dans la mijoteuse. Couvrir et cuire à feu doux pendant 6 à 8 heures. Allumez la mijoteuse, ajoutez les pâtes et 120 ml d'eau et laissez cuire 15 minutes. Saupoudrez de sel et de poivre. Saupoudrer chaque bol de chili de fromage, d'oignons verts et de crème sure.

Porc aux Légumes et Poivrons

Les légumes-feuilles ajoutent de la nutrition et de la couleur à ce délicieux chili.

pour 8 personnes

700 g de porc haché maigre
2 x 400 g/14 oz de haricots pinto en conserve, égouttés et rincés
2 boîtes de 400g de tomates concassées
1 oignon, haché
½ cuillère à café de cannelle moulue
½ cuillère à café de cumin moulu
½ à 1 cuillère à café de flocons de piment rouge moulu
225 g de chou frisé ou d'épinards, hachés grossièrement
sel et poivre noir fraîchement moulu, au goût

Cuire le porc dans une grande poêle légèrement huilée, en le brisant avec une fourchette, jusqu'à ce qu'il soit doré, environ 10 minutes. Dans la mijoteuse, mélanger le porc et le reste des ingrédients, à l'exception du chou vert, du sel et du poivre. Couvrir et cuire à feu doux pendant 6 à 8 heures, en remuant le chou frisé pendant les 20 dernières minutes. Saupoudrez de sel et de poivre.

Sud-ouest du Chili

Si vous n'avez pas de piments jalapeño, un autre type de piment fera l'affaire.

pour 8 personnes

450 g de viande hachée maigre
huile, pour lubrifier
2 oignons, hachés
1 poivron vert, haché
2 gousses d'ail, écrasées
1 piment jalapeño, finement haché
1-2 cuillères à soupe de poudre de chili ou au goût
2 cuillères à café de cumin moulu
2 cuillères à café de thym séché
2 boîtes de 400g de tomates concassées
400 g de haricots noirs ou pinto en conserve, égouttés et rincés
175 g de purée de tomates
175 ml de bière ou d'eau
1 cuillère à soupe de sucre roux clair
1 cuillère à soupe de cacao en poudre
sel et poivre noir fraîchement moulu, au goût
50 g de fromage cheddar râpé
2 oignons nouveaux, tranchés
120 ml de crème sure
coriandre fraîche hachée pour la garniture

Cuire le bœuf haché dans une grande poêle légèrement huilée à feu moyen jusqu'à ce que le bœuf soit doré, environ 10 minutes, en le brisant avec une fourchette. Mélanger le bœuf et tous les autres ingrédients sauf le sel, le poivre, le fromage, les oignons verts et la crème sure dans la mijoteuse. Couvrir et cuire à feu doux pendant 6 à 8 heures. Saupoudrez de sel et de poivre. Saupoudrer chaque bol de chili de fromage, d'oignons verts, de crème sure et d'un peu de coriandre.

Filet de Poivre

Ce chili super facile contient du porc tendre et maigre et des tomates fraîches. Si vous préférez une réfrigération moins chaude, évitez la poudre de chili et utilisez uniquement des poivrons rouges frais.

pour 4 personnes

450 g de filet de porc haché (1 cm)
400 ml de bouillon
400 g de haricots rouges en conserve, égouttés et rincés
450 g de prunes mûres ou de tomates en grappe, tranchées
2 piments jalapeño ou autres piments forts, finement hachés
1 cuillère à soupe de piment (facultatif)
1 cuillère à café de graines de cumin grillées
1 cuillère à café de sauce Worcestershire
sel et poivre noir fraîchement moulu, au goût

Mélanger tous les ingrédients sauf le sel et le poivre dans la mijoteuse. Couvrir et cuire à pleine puissance pendant 4 à 6 heures. Saupoudrez de sel et de poivre.

Piment fort aux Rajas

Certains prétendent que les piments Raja Mirchi sont les piments les plus piquants du monde !

pour 8 personnes

2 oignons
700 g de viande hachée maigre
2 x 400 g/14 oz de haricots pinto en conserve, égouttés et rincés
2 boîtes de 400g de tomates concassées
½ cuillère à café de cumin moulu
1-2 cuillères à soupe de piment
½ à 1 cuillère à café de flocons de piment rouge moulu
2 piments poblano, tranchés finement
1-2 cuillères à soupe d'huile d'olive
sel et poivre noir fraîchement moulu, au goût

Hachez finement un oignon. Cuire le bœuf dans une grande poêle légèrement huilée, en le brisant avec une fourchette, jusqu'à ce qu'il soit doré, environ 10 minutes. Dans la mijoteuse, mélanger l'huile, le sel, le poivre, le paprika et le reste des ingrédients, à l'exception du reste de l'oignon. Couvrir et cuire à feu doux pendant 6 à 8 heures. Tranchez finement l'oignon restant. Cuire les piments dans l'huile d'olive dans une poêle à feu moyen jusqu'à ce qu'ils soient ramollis et que les oignons soient caramélisés, 15 à 20 minutes. Assaisonnez le mélange de bœuf avec du sel et du poivre et le mélange de paprika avec du sel. Garnir le mélange de bœuf avec le mélange de poivre.

poivre de Habanero

Remplacez les piments jalapeño si vous préférez une saveur plus douce.

pour 4 personnes

100 g de saucisse de porc sans coquille
huile, pour lubrifier
400 g de tomates hachées en conserve
400 g de haricots verts
1 gros oignon, haché
1 poivron vert moyen, haché
¼–½ habanero ou autre piment fort, émincé
1 cuillère à soupe de piment
1 cuillère à café de cumin moulu
sel au goût
250 ml de crème sure

Faites cuire les saucisses dans une petite poêle légèrement graissée jusqu'à ce qu'elles soient dorées, environ 5 minutes, et émiettez-les à la fourchette. Dans la mijoteuse, mélanger les saucisses et les autres ingrédients sauf le sel et la crème sure. Couvrir et cuire à feu doux pendant 4 à 5 heures. Assaisonnez avec du sel. Servir avec de la crème sure.

Poivre du Rio Grande

La combinaison de beaucoup d'oignons et de viande hachée et coupée en dés donne à ce chili tellement de saveur et de texture.

pour 12 personnes

450 g de viande hachée maigre
900 g de porc maigre, coupé en cubes (2 cm)
400 ml de bouillon
2 boîtes de 400 g de haricots rouges égouttés et rincés
2 boîtes de 400g de tomates concassées
350 ml de bière ou de jus de tomate
100 g de poivron vert en conserve haché
8 oignons, hachés
6 gousses d'ail écrasées
25 g de poudre de chili (facultatif)
1 cuillère à soupe de cumin moulu
2 cuillères à café de thym séché
sel et poivre noir fraîchement moulu, au goût
1½ noisette de crème sure coriandre-chili

Faites cuire le bœuf haché dans une grande poêle légèrement huilée à feu moyen jusqu'à ce qu'il soit doré et brisez-le avec une fourchette. Mélangez le bœuf et tous les autres ingrédients, à l'exception du sel, du poivre et de la crème sure à la coriandre et au chili, dans une mijoteuse de 5,5 litres. Couvrir et cuire à feu doux pendant 6 à 8 heures. Saupoudrez de sel et de poivre. Servir avec de la crème sure au chili et de la coriandre.

Piment du Texas

Des saucisses épicées, du piment fort et beaucoup d'épices rendent ce piment encore meilleur.

pour 8 personnes

350 g de saucisses de porc épicées, sans coquilles
700 g de bœuf maigre haché grossièrement
400 g de tomates hachées en conserve
400 ml de bouillon
400 g de sauce tomate en pot
400 g de haricots rouges, égouttés et rincés
400 g de pois chiches égouttés et rincés
poivron vert haché d'un pot avec 100 g/4 oz de liquide
1 gros oignon, haché
1 jalapeño ou poivron rouge moyen, émincé
2 cuillères à soupe de poudre de piment fort
½ cuillère à café de cumin moulu
½ cuillère à café de coriandre
1 cuillère à soupe de sauce Worcestershire faible en sodium
sel et piment fort, au goût
Sauce Tabasco, au goût

Cuire les saucisses et le bœuf haché dans une grande poêle légèrement huilée à feu moyen, en les brisant à la fourchette, jusqu'à ce qu'ils soient dorés, environ 10 minutes. Mélangez le bœuf et tous les autres ingrédients, à l'exception du sel, du poivre de Cayenne et de la sauce Tabasco, dans une mijoteuse de 5,5 litres. Couvrir et cuire à feu doux pendant 6 à 8 heures. Assaisonner avec du sel, du piment et de la sauce Tabasco.

poivre italien

Les piments sont un excellent ajout au porc et au bœuf.

pour 8 personnes

350 g de saucisses de porc épicées, sans coquilles
600 g/1 lb 6 oz de bœuf haché maigre
100 g de poivron tranché
400 g de tomates hachées en conserve
400 ml de bouillon
400 g de sauce tomate en pot
400 g de haricots rouges, égouttés et rincés
400 g de pois chiches égouttés et rincés
1 gros oignon, haché
2 cuillères à soupe de poudre de piment fort
1-1½ cuillères à café d'assaisonnement aux herbes italiennes séchées
1 cuillère à soupe de sauce Worcestershire
sel au goût
piment au goût
Sauce Tabasco, au goût

Cuire les saucisses et le bœuf haché dans une grande poêle légèrement huilée à feu moyen, en les brisant à la fourchette, jusqu'à ce qu'ils soient dorés, environ 10 minutes. Mélangez le bœuf et tous les autres ingrédients, à l'exception du sel, du poivre de Cayenne et de la sauce Tabasco, dans une mijoteuse de 5,5 litres. Couvrir et cuire à feu doux pendant 6 à 8 heures. Assaisonner avec du sel, du piment et de la sauce Tabasco.

poulet au poivre mesquite

Ce délicieux plat Tex-Mex séduira les plus aventureux !

pour 4 personnes

350 g de filet de poulet sans peau, coupé en dés
2 boîtes de 400g de tomates concassées
400 g de haricots rouges, égouttés et rincés
225 g de tomates hachées grossièrement
2 petits oignons, hachés
1 piment poblano, haché
2 cuillères à soupe de piment
2 cuillères à café d'ail haché
1 cuillère à café d'arôme de fumée mesquite
sel et poivre noir fraîchement moulu, au goût

Mélanger tous les ingrédients sauf le sel et le poivre dans la mijoteuse. Couvrir et cuire à feu doux pendant 6 à 8 heures. Saupoudrez de sel et de poivre.

Bœuf Chili Poblano

Du bœuf haché, du paprika doux et un mélange d'assaisonnements en font un favori de premier ordre.

pour 4 personnes

450 g de bœuf haché maigre
400 g de tomates hachées en conserve
400 g de haricots cannellini, égouttés et rincés
1 gros oignon, haché
1 petit poblano ou autre poivron doux, haché
1 branche de céleri, hachée
39 g de mélange d'épices pour chili
Tranches de tortilla (voir à droite)

Mélanger tous les ingrédients sauf les tranches de tortilla dans la mijoteuse. Couvrir et cuire à feu doux pendant 6 à 8 heures. Servir avec des tranches de tortilla.

Tortilla au chili facile

Les chips tortilla ajoutent ici du croquant et de la texture.

pour 8 personnes

225 g de viande hachée maigre
huile, pour lubrifier
900 ml de bouillon de bœuf
450 g/1 lb de sauce instantanée légère à moyenne
400 g de haricots rouges en conserve, égouttés et rincés
4 oignons, hachés
175 g de maïs sucré, décongelé s'il est congelé
1 cuillère à café de piment
100 g de chips tortilla, écrasées
sel et poivre noir fraîchement moulu
50 g de fromage cheddar râpé

Cuire le bœuf dans une grande poêle légèrement huilée à feu moyen jusqu'à ce qu'il soit doré, environ 5 minutes, en le brisant avec une fourchette. Mélanger le bœuf, le bouillon, la sauce, les haricots, l'oignon, le maïs sucré et la poudre de chili dans une mijoteuse de 5,5 pintes/9½ pintes. Couvrir et cuire à feu doux pendant 6 à 8 heures. Mélanger les chips tortilla. Saupoudrez de sel et de poivre. Saupoudrer de fromage.

tranches de tortillas

Délicieux pour accompagner les plats mexicains.

Convient pour 4 personnes en accompagnement

2 tortillas à la farine de 15 cm/6 pouces
25 g de fromage pepper jack, râpé
25 g de cheddar râpé
3 oignons nouveaux tranchés
25 g de sauce sucrée ou piquante
crème sure, pour la garniture

Disposez le pain sur une plaque allant au four. Saupoudrer de fromages combinés et d'oignons verts. 230ºC/gaz 8/four ventilé Cuire au four à 210ºC pendant 5-7 minutes jusqu'à ce que les tortillas soient dorées sur les bords et que le fromage soit fondu. Coupez chaque tortilla en six morceaux. Garnir chacun d'1 cuillère à café de salsa et d'une petite cuillerée de crème sure.

Chili texan en deux étapes

Le porc et la dinde se réunissent dans ce plat simple et délicieux. La coriandre fraîche ajoute un charmant piquant.

pour 4 personnes

225 g de viande hachée de porc maigre
225 g de poitrine de dinde hachée
8 oignons nouveaux, tranchés
huile, pour lubrifier
400 g de haricots chili, eau non extraite
450 g de tomates hachées
1 petit jalapeño ou autre piment moyen, épépiné et haché
sel au goût
coriandre fraîche finement hachée pour la garniture

Cuire le porc, la dinde et les oignons verts dans une grande poêle légèrement huilée à feu moyen jusqu'à ce que la viande soit dorée, environ 8 minutes, et la déchiqueter à la fourchette. Dans la mijoteuse, mélanger le mélange de viande et le reste des ingrédients, sauf le sel. Couvrir et cuire à feu doux pendant 5 à 6 heures. Assaisonner selon l'envie. Saupoudrer de coriandre fraîche dans chaque bol de soupe.

taco épicé

L'hominy peut être trouvé sur les marchés ethniques ou auprès de fournisseurs spécialisés, ou une boîte de haricots cannellini peut être remplacée.

pour 8 personnes

900 g de viande hachée maigre
huile, pour lubrifier
400 g de haricots rouges en conserve, égouttés et rincés
400g/14oz de hominy, égoutté et rincé
400 g de tomates en dés en conserve, égouttées
275 g/10 oz de tomates pelées en conserve, piment fort, avec jus
225 g de maïs en conserve, égoutté
1 gros oignon, haché
2 branches de céleri, hachées
35 g d'assaisonnement pour tacos
1 gousse d'ail, écrasée
½ cuillère à café de thym séché
garnitures : crème sure, fromage cheddar râpé, chips de tacos

Faites cuire le bœuf haché dans une grande poêle légèrement huilée jusqu'à ce qu'il soit doré, environ 10 minutes, et émiettez-le à la fourchette. Mélangez la viande et les autres ingrédients dans la mijoteuse. Couvrir et cuire à feu doux pendant 6 à 8 heures. Servir avec des garnitures.

Chips de tortilla au four

Préparez vos propres chips tortilla – c'est aussi simple que cela.

Convient pour 6 personnes en accompagnement

6 x 15 cm de pain de maïs
spray de cuisson pour légumes
une pincée de cumin
une pincée de poivre moulu
une pincée de thym séché
une pincée de poivron rouge
sel et piment fort, au goût

Coupez chaque tortilla en huit tranches. Disposer en une seule couche sur une plaque à pâtisserie. Vaporiser le pain avec un enduit à cuisson. Saupoudrer légèrement d'herbes combinées, de paprika, de sel et de paprika. Cuire au four à 180 °C/4 gaz/chaleur tournante à 160 °C pendant 5 à 7 minutes jusqu'à ce qu'ils soient légèrement dorés.

crème au poivre

Un chili légèrement différent à base de soupe en conserve !

Prestation 6

450 g de filet de poitrine de poulet sans peau, coupé en cubes (2 cm)
275 g/10 oz de crème de poulet instantanée
120 ml de sauce tomate prête
1 oignon, haché
3 oignons nouveaux, hachés
½ poivron rouge, haché
1 petit jalapeño ou autre piment moyen, épépiné et finement haché
2 gousses d'ail, écrasées
100 g de poivron vert haché, en pot, égoutté
1 cuillère à soupe de piment
½ cuillère à café de cumin moulu
250 ml de lait demi-écrémé
sel et poivre noir fraîchement moulu, au goût
50 g de fromage Monterey Jack ou Cheddar râpé
Chips tortilla au four (voir à gauche)

Dans la mijoteuse, mélanger tous les ingrédients sauf le lait, le sel, le poivre, le fromage et les chips tortilla cuites. Couvrir et cuire à feu doux pendant 6 à 8 heures en ajoutant le lait pendant les 20 dernières minutes. Saupoudrez de sel et de poivre. Saupoudrer chaque bol de chili de fromage. Servir avec des chips tortilla cuites au four.

taupe de poivre

Ce chili a les saveurs intrigantes d'une taupe mexicaine traditionnelle. Utilisez du poulet, du porc ou du bœuf, ou une combinaison des trois viandes.

Prestation 6

450 g de porc maigre, coupé en cubes
250 ml de bouillon de poulet
400 g de tomates hachées en conserve
400 g de haricots noirs en conserve, égouttés et rincés
sauce taupe
sel et poivre noir fraîchement moulu, au goût
Guacamole (voir ci-dessous)
coriandre fraîche finement hachée pour la garniture

Mélangez tous les ingrédients sauf le sel, le poivre et le guacamole dans la mijoteuse. Couvrir et cuire à feu doux pendant 6 à 8 heures. Saupoudrez de sel et de poivre. Garnir chaque bol de chili de guacamole. Saupoudrer généreusement de coriandre fraîche.

guacamole

Traditionnel avec des plats au poivre.

Convient pour 6 personnes en accompagnement

1 avocat mûr, écrasé grossièrement
½ petit oignon, finement haché
½ jalapeño ou autre piment fort, épépiné et finement haché
1 cuillère à soupe de coriandre fraîche finement hachée
Sauce Tabasco, au goût
sel au goût

Mélanger l'avocat, l'oignon, le poivron rouge et la coriandre. Assaisonner de sauce Tabasco et de sel.

poivre vert

Ces « piments verts » sont fabriqués à partir de tomatilles, également appelées tomates vertes mexicaines. Ils sont disponibles sous forme de conserves sur les marchés ethniques et auprès de fournisseurs privés.

pour 8 personnes

450 g de porc maigre désossé, coupé en cubes (1 cm/½ po)
900 ml/1½ pinte de bouillon de poulet
2 boîtes de 400 g de haricots cannellini, égouttés et rincés
100-225 g de poivron vert haché
250 ml d'eau
900 g de tomates en conserve, coupées en quartiers
2 gros oignons, tranchés finement
6 à 8 gousses d'ail, émincées
2 cuillères à café de cumin moulu
25 g de coriandre fraîche hachée
Crème sure au chili et à la coriandre (voir ci-dessous)

Mélanger tous les ingrédients sauf la coriandre et la crème sure coriandre-chili dans une mijoteuse de 5,5 pintes/9½ pintes. Couvrir et cuire à feu doux pendant 6 à 8 heures. Incorporer la coriandre. Servir avec de la crème sure au poivre et à la coriandre.

Crème sure à la coriandre et aux piments forts

Parfait avec les plats épicés.

Convient pour 8 personnes en accompagnement

120 ml de crème sure
1 cuillère à soupe de coriandre fraîche hachée
1 cuillère à café de jalapeño mariné haché ou autre piment fort de taille moyenne

Mélanger tous les ingrédients.

chorizo mexicain

Il ne s'agit pas d'une recette à cuisson lente, mais d'une recette qui constitue la base de nombreux plats délicieux comme celui ci-dessous.

Prestation 6

½ cuillère à café de graines de coriandre hachées
½ cuillère à café de graines de cumin, écrasées
huile, pour lubrifier
2 piments ancho séchés ou autres piments forts
700 g de filet de porc finement haché ou émincé
4 gousses d'ail, écrasées
2 cuillères à soupe de poivron rouge
2 cuillères à soupe de vinaigre de cidre de pomme
2 cuillères à soupe d'eau
1 cuillère à café de thym séché
½ cuillère à café de sel

Cuire les graines de coriandre et de cumin dans une petite poêle légèrement huilée à feu moyen, en remuant fréquemment, jusqu'à ce qu'elles soient dorées, 2 à 3 minutes. Retirer de la poêle et réserver. Ajouter les piments ancho dans la poêle. Cuire à feu moyen jusqu'à ce qu'ils soient ramollis, environ 1 minute de chaque côté, en retournant fréquemment les piments pour éviter qu'ils ne brûlent. Retirez et jetez les tiges, les veines et les graines. Hacher finement. Mélanger tous les ingrédients, bien mélanger.

Chorizo Mexicain Épicé

Le chorizo peut être utilisé dans de nombreuses recettes mexicaines ou transformé en boulettes de viande et cuit au four pour un plat principal du dîner.

Prestation 6

Chorizo mexicain (voir ci-dessus)
1 oignon, haché
huile, pour lubrifier
2 boîtes de 400g de tomates concassées
2 boîtes de 400 g de haricots pinto ou noirs, égouttés et rincés
Poivre et sel au goût

Cuire le chorizo mexicain et l'oignon dans une grande poêle légèrement huilée à feu moyen, en cassant avec une fourchette, jusqu'à ce qu'ils soient dorés, 8 à 10 minutes. Mélanger le reste des ingrédients sauf le chorizo et le sel et le poivre dans la mijoteuse. Couvrir et cuire à feu doux pendant 4 à 6 heures. Saupoudrez de sel et de poivre.

Fromage Blanco et poivrons avec sauce tomate rouge

Ceci est rendu très crémeux avec l'ajout de poivre blanc, de crème sure et de fromage Monterey Jack ou Cheddar.

pour 8 personnes

700 g de filet de poulet sans peau, coupé en dés
2 boîtes de 400 g de haricots cannellini, égouttés et rincés
400 ml de bouillon de poulet
100 g de poivron vert haché, en pot, égoutté
4 oignons, hachés
1 cuillère à soupe d'ail haché
1 cuillère à soupe de thym séché
1 cuillère à café de cumin moulu
250 ml de crème sure
225 g de fromage Monterey Jack ou Cheddar, râpé
sel et piment fort, au goût
Sauce Tomate Rouge

Dans la mijoteuse, mélanger tous les ingrédients sauf la crème sure, le fromage, le sel, le poivre de Cayenne et la sauce tomate rouge. Couvrir et cuire à feu doux pendant 6 à 8 heures. Ajouter la crème sure et le fromage, remuer jusqu'à ce que le fromage fonde.

Assaisonner avec du sel et du piment. Servir avec une sauce tomate rouge.

Sauce Tomate Rouge

Une sauce merveilleuse et délicieuse.

Convient pour 8 personnes en accompagnement

2 grosses tomates hachées
1 petit oignon, finement haché
1 poivron vert, finement haché
2 cuillères à soupe de poblano ou autre piment doux finement haché
1 gousse d'ail, écrasée
2 cuillères à soupe de coriandre fraîche finement hachée
sel au goût

Mélangez tous les ingrédients, ajoutez du sel au goût.

poivre ranchero

Un chili copieux aux saveurs du Far West. Certainement un pour les hommes !

Prestation 6

450 g de viande hachée maigre
100 g de saucisse fumée, tranchée
huile, pour lubrifier
600 ml/1 litre de bouillon
250 ml de bière ou de bouillon supplémentaire
450g de tomates concassées, jus non extrait
400 g de haricots chili avec sauce chili
400 g de haricots rouges en conserve, égouttés et rincés
1 oignon, haché
1 poivron vert, haché
1 piment jalapeño, finement haché
3 grosses gousses d'ail écrasées
1 cuillère à soupe de cumin moulu
3 cuillères à soupe de poudre de chili ou au goût
1 cuillère à café de thym séché
sel et poivre noir fraîchement moulu
crème sure, pour la garniture

Cuire le bœuf et les saucisses dans une poêle graissée à feu moyen, en les brisant à la fourchette, jusqu'à ce qu'ils soient dorés, environ 8 minutes. Mélanger avec d'autres ingrédients sauf le sel et le poivre dans la mijoteuse. Couvrir et cuire à feu doux pendant 6 à 8 heures. Saupoudrez de sel et de poivre. Garnir chaque portion d'une cuillerée de crème sure.

Courge au poivron jaune et haricots cannellini

Ce chili vibrant rempli de légumes et de porc est un bon repas en famille. Vous pouvez également utiliser de la courge jaune à la place des courgettes.

Prestation 6

450 g de viande hachée de porc maigre
huile, pour lubrifier
1 litre/1¾ pinte de bouillon de poulet
250 ml/8 fl oz de vin blanc sec ou de bouillon de poulet
100 g de haricots cannellini séchés
100 g de pois chiches secs
2 oignons, hachés
1 poivron jaune, haché
100 g de poireau émincé
175 g de courgettes jaunes, coupées en dés, comme un moule à tarte
175 g de pommes de terre bouillies, pelées et hachées
2 gousses d'ail, écrasées
2 cuillères à café de jalapeño finement haché ou autre piment moyen
2 cuillères à café de graines de cumin
1 cuillère à café de thym séché
1 cuillère à café de piment
½ cuillère à café de coriandre moulue

½ cuillère à café de cannelle moulue
1 feuille de laurier
sel et poivre noir fraîchement moulu, au goût
1 petite tomate, hachée finement
2 oignons nouveaux, tranchés finement
3 cuillères à soupe de coriandre fraîche finement hachée

Cuire le porc dans une grande poêle légèrement huilée, en le défaisant avec une fourchette, jusqu'à ce qu'il soit doré, environ 8 minutes. Mélanger le porc et tous les autres ingrédients sauf le sel, le poivre, les tomates en dés, les oignons verts et la coriandre fraîche dans une mijoteuse de 5,5 litres. Couvrir et cuire à feu doux pendant 7 à 8 heures jusqu'à ce que les haricots soient tendres. Saupoudrez de sel et de poivre. Jetez la feuille de laurier. Saupoudrer chaque bol de chili de tomates, d'oignons verts et de coriandre fraîche.

Poivre méditerranéen

Cette variante d'une recette de chili standard contient uniquement des légumes et des légumineuses saines.

Prestation 6

450 g d'agneau ou de viande hachée maigre
huile, pour lubrifier
1 litre/1¾ pinte de bouillon de poulet
250 ml/8 fl oz de vin blanc sec ou de bouillon de poulet
100 g de haricots cannellini séchés
100 g de pois chiches secs
2 oignons, hachés
1 poivron jaune, haché
200 g de Kalamata ou autres olives noires, tranchées
100 g de poireau émincé
175 g de courge jaune ou de courge jaune coupée en dés, comme dans un moule à tarte
175 g de pommes de terre bouillies, pelées et hachées
2 gousses d'ail, écrasées
2 cuillères à café de jalapeño finement haché ou autre piment moyen
2 cuillères à café de graines de cumin
1 cuillère à café de thym séché

1 cuillère à café de piment

½ cuillère à café de coriandre moulue

½ cuillère à café de cannelle moulue

1 feuille de laurier

sel et poivre noir fraîchement moulu, au goût

175 g de couscous

1 petite tomate, hachée finement

2 oignons nouveaux, tranchés finement

3 cuillères à soupe de coriandre fraîche finement hachée

6 cuillères à soupe de fromage feta émietté

Cuire l'agneau ou le bœuf dans une grande poêle légèrement huilée, en l'émiettant à la fourchette, jusqu'à ce qu'il soit doré, environ 8 minutes. Mélanger le bœuf et tous les autres ingrédients sauf le sel, le poivre, les tomates en dés, les oignons verts, la coriandre fraîche, le couscous et le fromage feta dans une mijoteuse de 5,5 litres. Couvrir et cuire à feu doux pendant 7 à 8 heures jusqu'à ce que les haricots soient tendres. Saupoudrez de sel et de poivre. Préparez le couscous selon les instructions sur l'emballage. Retirez la feuille de laurier du mélange de poivre. Servir le chili sur le couscous et saupoudrer chaque portion de tomates, d'oignons verts, de coriandre fraîche et de feta.

Piment fort aux haricots

Ce chili simple au bœuf et à la dinde est idéal à ramener à la maison à la fin d'une journée bien remplie.

pour 8 personnes

450 g de viande hachée maigre

450 g de dinde hachée

huile, pour lubrifier

2 gros oignons, hachés

3 gousses d'ail écrasées

175 g de purée de tomates

550 g de sauce tomate aux herbes en pot

2 x 400 g/14 oz de haricots pinto en conserve, égouttés et rincés

2 cuillères à soupe de poudre de chili ou au goût

1 cuillère à café de thym séché

sel et poivre noir fraîchement moulu, au goût

Cuire la viande hachée et la dinde dans une grande poêle légèrement huilée à feu moyen jusqu'à ce que la viande soit dorée, environ 10 minutes, puis effilocher la viande avec une fourchette. Dans la mijoteuse, mélanger la viande et les autres ingrédients sauf le sel et le poivre. Couvrir et cuire à feu doux pendant 6 à 8 heures. Saupoudrez de sel et de poivre.

Haricots poivre noir et blanc

Fabriqué avec des haricots noirs et des haricots cannellini, ce chili est rehaussé de saveur et de couleur avec des tomates séchées au soleil.

pour 4 personnes

350 g de bœuf haché maigre
huile, pour lubrifier
2 boîtes de 400g de tomates concassées
400 g de haricots cannellini, égouttés et rincés
400 g de haricots noirs ou rouges, égouttés et rincés
2 oignons, hachés
½ poivron vert, haché
15 g de tomates séchées (pas dans l'huile), hachées
1 jalapeño ou autre piment fort, finement haché
2 gousses d'ail, écrasées
2-3 cuillères à soupe de poudre de chili ou au goût
1-1½ cuillères à café de cumin moulu
1-1½ cuillères à café de thym séché
1 feuille de laurier
sel et poivre noir fraîchement moulu, au goût
15 g de coriandre fraîche hachée finement

Cuire le bœuf dans une grande poêle légèrement huilée à feu moyen jusqu'à ce qu'il soit doré, 8 à 10 minutes, en le brisant à la fourchette. Mélanger le bœuf et tous les autres ingrédients sauf le sel, le poivre et la coriandre fraîche dans la mijoteuse. Couvrir et cuire à feu doux pendant 6 à 8 heures. Jetez la feuille de laurier. Saupoudrez de sel et de poivre. Ajoutez de la coriandre fraîche.

Chili aux haricots et à la bière

Ce chili est très simple à préparer. La bière ajoute de la richesse à la sauce, qui devient encore meilleure lorsqu'elle est cuite longtemps.

Prestation 6

450 g de viande hachée maigre
huile, pour lubrifier
600 ml/1 litre de bouillon
250 ml de bière
450g de tomates concassées, jus non extrait
400 g de haricots chili avec sauce chili
400 g de haricots rouges en conserve, égouttés et rincés
3 grosses gousses d'ail écrasées
1 cuillère à soupe de cumin moulu
3 cuillères à soupe de poudre de chili ou au goût
1 cuillère à café de thym séché
sel et poivre noir fraîchement moulu, au goût

Cuire le bœuf haché dans une grande poêle légèrement huilée à feu moyen, en le brisant avec une fourchette, jusqu'à ce qu'il soit doré, environ 8 minutes. Dans la mijoteuse, mélanger le reste des ingrédients, sauf le bœuf haché, le sel et le poivre. Couvrir et cuire à feu doux pendant 6 à 8 heures. Saupoudrez de sel et de poivre.

Fusilli Haricots Épicés

Utilisez vos formes de haricots et de pâtes préférées dans ce chili polyvalent.

pour 8 personnes

450 g de viande hachée maigre
huile, pour lubrifier
2 boîtes de 400 g/14 oz de tomates en dés à l'ail
400 g de pois chiches en conserve, égouttés et rincés
400 g de haricots rouges, égouttés et rincés
4 oignons, hachés
100 g de champignons de Paris émincés
1 branche de céleri, tranchée
120 ml/4 fl oz de vin blanc ou d'eau
2 cuillères à soupe de poudre de chili ou au goût
¾ cuillère à café de thym séché
¾ cuillère à café de thym séché
¾ cuillère à café de cumin moulu
225 g de fusilli cuits
sel et poivre noir fraîchement moulu, au goût
3-4 cuillères à soupe d'olives vertes ou noires tranchées

Cuire le bœuf dans une grande poêle légèrement huilée à feu moyen jusqu'à ce qu'il soit doré, 8 à 10 minutes, en le brisant à la fourchette. Mélanger le bœuf et le reste des ingrédients, à l'exception des fusilli, du sel, du poivre et des olives, dans une mijoteuse de 5,5 litres. Couvrir et cuire à feu doux pendant 6 à 8 heures, en ajoutant les pâtes au cours des 20 dernières minutes. Saupoudrez de sel et de poivre. Saupoudrer d'olives dans chaque bol à soupe.

Lentilles amères au bacon et à la bière

Le citron vert, la bière et le bacon rendent ce chili différent et délicieux.

pour 4 personnes

750 ml/1¼ pinte de bouillon de bœuf
250 ml de bière ou de bouillon
75 g de lentilles séchées, rincées
75 g de haricots noirs secs, rincés
1 oignon moyen, haché
3 grosses gousses d'ail écrasées
1 cuillère à soupe de jalapeno finement haché ou autre piment moyen
1 cuillère à soupe de piment
1 cuillère à café de cumin moulu
1 cuillère à café de romarin séché, haché
225 g de tomates en dés en conserve
le jus d'1 citron vert
sel et poivre noir fraîchement moulu, au goût
4 tranches de bacon, cuites jusqu'à ce qu'elles soient croustillantes et friables

Dans la mijoteuse, mélanger tous les ingrédients sauf les tomates, le jus de citron, le sel, le poivre et le bacon. Couvrir et cuire à feu vif jusqu'à ce que les haricots soient tendres, 5 à 6 heures, en ajoutant les tomates au cours des 30 dernières minutes. Ajouter le jus de citron vert. Saupoudrez de sel et de poivre. Saupoudrer chaque bol de poivre sur le bacon.

Légumes et lentilles amères

Les lentilles ajoutent une excellente texture à ce chili sans viande nutritif et nourrissant.

pour 4 personnes

1 litre/1¾ pinte de bouillon de légumes

250 ml d'eau

400 g de tomates hachées en conserve

130 g de lentilles brunes séchées

100 g de maïs sucré, décongelé s'il est congelé

2 oignons, hachés

1 poivron rouge ou vert, haché

1 petite carotte, tranchée

½ branche de céleri, tranchée

1 gousse d'ail, écrasée

½-1 cuillère à soupe de piment

¾ cuillère à café de cumin moulu

1 feuille de laurier

sel et poivre noir fraîchement moulu, au goût

Mélanger tous les ingrédients sauf le sel et le poivre dans la mijoteuse. Couvrir et cuire à feu doux pendant 6 à 8 heures. Jetez la feuille de laurier. Saupoudrez de sel et de poivre.

Chili végétarien aux haricots noirs et blancs

Les haricots noirs et blancs donnent à ce chili végétarien une texture et une apparence attrayantes. Sa saveur chaleureuse vient des graines de cumin torréfiées.

pour 4 personnes

450 ml de jus de tomate
250 ml/8 fl oz de bouillon de légumes
2 cuillères à soupe de purée de tomates
400 g de haricots noirs en conserve, égouttés et rincés
400 g de cannellini ou de haricots cannellini, égouttés et rincés
1 oignon, haché
1 poivron doux, épépiné et haché finement
1 cuillère à café de poivron rouge
1 cuillère à café de graines de cumin grillées
50 g de riz sauvage cuit
sel et poivre noir fraîchement moulu, au goût

Mélangez tous les ingrédients sauf le riz sauvage, le sel et le poivre dans la mijoteuse. Couvrir et cuire à feu doux pendant 6 à 8 heures en ajoutant le riz sauvage pendant les 30 dernières minutes. Saupoudrez de sel et de poivre.

Chili aux haricots et maïs sucré

Ce chili facile est vraiment épicé ! Pour une version moins épicée, remplacez les haricots chili par une boîte de haricots rouges ou de haricots rouges égouttés et rincés.

pour 4 personnes

400 g de haricots chili en conserve
250 ml/8 fl oz de bouillon de légumes
400 g de tomates hachées en conserve
1 poivron vert, haché
100 g de maïs sucré, décongelé s'il est congelé
1 oignon, haché
2 gousses d'ail, écrasées
1 à 3 cuillères à café de poivre moulu
sel et poivre noir fraîchement moulu, au goût

Mélanger tous les ingrédients sauf le sel et le poivre dans la mijoteuse. Couvrir et cuire à feu doux pendant 6 à 8 heures. Saupoudrez de sel et de poivre.

viande de piment

La variété des ingrédients rend le service de ce chili amusant : ajoutez également d'autres garnitures, comme des poivrons et des tomates en dés et du thym frais haché ou de la coriandre fraîche.

6-8 personnes

6 boîtes de 400g de tomates concassées
400 g de haricots rouges, égouttés et rincés
175 g de purée de tomates
175 ml de bière ou d'eau
350 g de hachis de soja aromatisé au Quorn ou au bœuf
2 oignons, hachés
1 poivron vert, haché
2 gousses d'ail, écrasées
1 cuillère à soupe de sucre roux clair
1 cuillère à soupe de cacao en poudre
1-2 cuillères à soupe de piment
1-2 cuillères à café de cumin moulu
1-2 cuillères à café de thym séché
¼ cuillère à café de clous de girofle moulus
sel et poivre noir fraîchement moulu, au goût
garnitures : fromage râpé, crème sure, oignons verts émincés

Mélanger tous les ingrédients sauf le sel et le poivre dans une mijoteuse de 5,5 pintes/9½ pintes. Couvrir et cuire à feu doux pendant 6 à 8 heures. Saupoudrez de sel et de poivre. Servir avec des garnitures.

tortilla chaude

Un délicieux plat de tomates saupoudré de chips tortilla.

6-8 personnes

6 boîtes de 400g de tomates concassées
400 g de haricots noirs ou pinto en conserve, égouttés et rincés
175 g de purée de tomates
175 ml de bière ou d'eau
350 g de hachis de soja aromatisé au Quorn ou au bœuf
2 oignons, hachés
1 jalapeño ou autre piment fort, finement haché
1 poivron vert, haché
2 gousses d'ail, écrasées
1 cuillère à soupe de sucre roux clair
1 cuillère à soupe de cacao en poudre
1-2 cuillères à soupe de piment
1-2 cuillères à café de cumin moulu
1-2 cuillères à café de thym séché
¼ cuillère à café de clous de girofle moulus
sel et poivre noir fraîchement moulu, au goût
chips de tortilla hachées et feuilles de coriandre fraîche hachées pour la garniture

Mélangez tous les ingrédients sauf le sel, le poivre et les garnitures dans une mijoteuse de 5,5 pintes/9½ pintes. Couvrir et cuire à feu doux pendant 6 à 8 heures. Saupoudrez de sel et de poivre. Servir avec des chips tortilla et saupoudrer de coriandre.

Chili chipotle à la patate douce

Si vous êtes un fan de la cuisine mexicaine, vous voudrez peut-être ajouter des piments chipotle (piments jalapeño séchés et fumés) dans une sauce adobo à votre garde-manger. Ils sont disponibles auprès de fournisseurs spécialisés. Goûtez avant d'en rajouter car ils risquent d'être trop piquants !

pour 4 personnes

2 boîtes de 400 g de haricots noirs, égouttés et rincés
400 g de tomates hachées en conserve
250 ml/8 fl oz d'eau ou de bouillon de légumes
500 g de patates douces pelées et hachées
2 oignons, hachés
1 poivron vert, haché
1 cm/½ morceau de racine de gingembre frais, finement râpée
1 gousse d'ail, écrasée
1 cuillère à café de graines de cumin hachées
½-1 petit piment chipotle, avec sauce adobo, haché
sel au goût

Mélanger tous les ingrédients sauf les piments chipotle et le sel dans la mijoteuse. Couvrir et cuire à feu doux pendant 6 à 8 heures, en ajoutant des piments chipotle au cours des 30 dernières minutes. Assaisonnez avec du sel.

Poivre de sauge aux tomates fraîches Frais

Les tomates fraîches et la sauge séchée ajoutent une saveur différente à ce poivre. Choisissez des tomates mûres de saison pour une meilleure saveur.

pour 4 personnes

2 boîtes de 400 g de pois à yeux noirs, égouttés et rincés
750 g de tomates coupées en tranches
4 oignons nouveaux, tranchés
8 gousses d'ail, tranchées finement
1 gros piment rouge, rôti, épépiné et finement haché
½ à 2 cuillères à soupe de poivre moulu
1 cuillère à café de cumin moulu
1 cuillère à café de coriandre moulue
¾ cuillère à café de sauge séchée
sel et poivre noir fraîchement moulu, au goût

Mélanger tous les ingrédients sauf le sel et le poivre dans la mijoteuse. Couvrir et cuire à feu doux pendant 8 à 9 heures. Saupoudrez de sel et de poivre.

Haricots noirs, riz et maïs chaud

Pour un avant-goût de la cuisine mexicaine, utilisez des haricots noirs dans ce chili aux légumes rapide et facile, mais les haricots rouges fonctionneraient aussi.

pour 4 personnes

2 boîtes de 400g de tomates concassées

400 g de haricots noirs en conserve, égouttés et rincés

50 g de maïs sucré, décongelé s'il est congelé

3 oignons, hachés

1 gros poivron rouge, haché

1 jalapeño ou autre piment fort, finement haché

3 gousses d'ail écrasées

½-1 cuillère à soupe de piment

1 cuillère à café de piment de la Jamaïque moulu

25g de riz cuit

sel et poivre noir fraîchement moulu, au goût

Dans la mijoteuse, mélanger tous les ingrédients sauf le riz, le sel et le poivre. Couvrir et cuire à feu doux pendant 8 à 9 heures, en ajoutant le riz au cours des 15 dernières minutes. Saupoudrez de sel et de poivre.

sauce amère

La salsa toute prête est pratique à conserver dans le garde-manger pour ajouter de la saveur et de la texture à des plats comme celui-ci.

pour 4 personnes

400 g de tomates hachées en conserve

400 g de haricots rouges, égouttés et rincés

250 ml d'eau

120 ml/4 fl oz de sauce instantanée moyenne ou piquante

50 g de maïs sucré, décongelé s'il est congelé

½-1 cuillère à soupe de piment

½-1 cuillère à café de jalapeño ou autre piment fort, finement haché

90 g d'orge perlé

sel et poivre noir fraîchement moulu, au goût

50 g de fromage cheddar fort, râpé

Mélanger tous les ingrédients sauf l'orge, le sel, le poivre et le fromage dans la mijoteuse. Couvrir et cuire à feu doux pendant 6 à 8 heures, en ajoutant l'orge pendant les 40 dernières minutes. Saupoudrez de sel et de poivre. Saupoudrer de fromage râpé dans chaque bol.

poivre des Caraïbes

Ce copieux chili aux trois haricots sans viande est agrémenté de salsa à la mangue. Servir avec du riz brun si désiré.

Prestation 6

2 boîtes de 400g de tomates concassées

400 g de haricots rouges en conserve, égouttés et rincés

400 g de haricots cannellini, égouttés et rincés

400 g de haricots noirs en conserve, égouttés et rincés

2 poivrons rouges ou verts, hachés

2 oignons, hachés

1 jalapeño ou autre piment fort, finement haché

2 cm/¾ de racine de gingembre frais hachée, finement râpée

2 cuillères à café de sucre

3 grosses gousses d'ail écrasées

1 cuillère à soupe de cumin moulu

2 cuillères à soupe de poivron rouge

½ à 2 cuillères à soupe de poivre moulu

¼ cuillère à café de clous de girofle moulus

1 cuillère à soupe de jus de citron

sel et poivre noir fraîchement moulu, au goût

Salsa à la mangue (voir ci-dessous)

Mélangez tous les ingrédients sauf le sel, le poivre et la salsa à la mangue dans une mijoteuse de 5,5 pintes/9½ pintes. Couvrir et cuire à feu doux pendant 6 à 8 heures. Saupoudrez de sel et de poivre. Servir avec de la salsa à la mangue.

sauce à la mangue

Une délicieuse sauce piquante que vous pourrez accompagner de plats épicés.

Convient pour 6 personnes en accompagnement

1 mangue, hachée
1 banane, hachée
15 g de coriandre fraîche hachée
½ petit jalapeño ou autre piment moyen, haché finement
1 cuillère à soupe de concentré d'ananas ou de jus d'orange
1 cuillère à café de jus de citron

Mélanger tous les ingrédients.

Bœuf frit aux nouilles

Tranchez ce rôti parfaitement cuit et servez-le avec des fettuccines.

pour 8 personnes

1 rôti de bœuf désossé, par exemple une croupe (environ 1,5 kg/3 lb)
sel et poivre noir fraîchement moulu, au goût
2 oignons, tranchés
120 ml de bouillon de bœuf
50 g/2 oz de petits pois surgelés, décongelés
1 cuillère à soupe de fécule de maïs
2 cuillères à soupe d'eau
50 g de parmesan ou de romaine fraîchement râpé
450 g de fettuccine, cuites, chaudes

Assaisonnez légèrement la viande avec du sel et du poivre. Placer dans la mijoteuse avec l'oignon et le bouillon. Insérez un thermomètre à viande avec la pointe au centre du rôti. Couvrir et cuire à feu doux jusqu'à ce qu'un thermomètre à viande indique 68 ºC pour une cuisson mi-saignante, environ 4 heures. Transférer dans une assiette et couvrir sans serrer de papier d'aluminium.

Ajoutez les pois dans la mijoteuse. Couvrir et cuire à feu vif pendant 10 minutes. Ajouter la semoule de maïs et l'eau combinées en remuant pendant 2 à 3 minutes. Ajoutez le fromage. Saupoudrez de sel et de poivre. Mélanger avec des nouilles et servir avec du bœuf.

Rôti de bœuf à la sauce au raifort

Si vous le souhaitez, vous pouvez utiliser du fromage romain à la place du parmesan. Utilisez plus ou moins de raifort selon votre goût.

pour 8 personnes

1 rôti de bœuf désossé, par exemple une croupe (environ 1,5 kg/3 lb)
sel et poivre noir fraîchement moulu, au goût
2 oignons, tranchés
120 ml de bouillon de bœuf
50 g/2 oz de petits pois surgelés, décongelés
1 cuillère à soupe de fécule de maïs
2 cuillères à soupe d'eau
50 g de parmesan fraîchement râpé
2 cuillères à soupe de raifort préparé
une généreuse pincée de poivre de Cayenne
250 ml de crème fouettée

Assaisonnez légèrement la viande avec du sel et du poivre. Placer dans la mijoteuse avec l'oignon et le bouillon. Insérez un thermomètre à viande avec la pointe au centre du rôti. Couvrir et cuire à feu doux jusqu'à ce qu'un thermomètre à viande indique 68 ºC pour une cuisson mi-saignante, environ 4 heures. Transférer dans une assiette et couvrir sans serrer de papier d'aluminium.

Ajoutez les pois dans la mijoteuse. Couvrir et cuire à feu vif pendant 10 minutes. Ajouter la semoule de maïs et l'eau combinées en remuant pendant 2 à 3 minutes. Ajoutez du parmesan. Saupoudrez de sel et de poivre. Mélanger le raifort, le piment et la chantilly et servir avec du veau.

Sauerbraten

Plus vous laisserez mariner la viande longtemps, plus elle sera savoureuse. De nombreuses recettes de sauerbraten n'incluent pas de crème sure, alors omettez-la si vous préférez.

8-10 personnes

450 ml/¾ litre d'eau

250 ml de vin rouge sec

1 gros oignon, tranché finement

2 cuillères à soupe d'épices pour cornichons

12 clous de girofle entiers

12 grains de poivre noir

2 feuilles de laurier

1½ cuillères à café de sel

1 rosbif désossé, comme du rumsteck ou du rumsteck (environ 3 lbs/1,5 kg)

75 g de biscuits au gingembre finement hachés

150 ml de crème sure

2 cuillères à soupe de fécule de maïs

Faites chauffer l'eau, le vin, l'oignon, les épices et le sel dans une grande casserole. Froid. Verser le mélange sur la viande dans la mijoteuse. Réfrigérer la cocotte, couverte, pendant au moins 1 journée.

Placer la cocotte dans la mijoteuse. Couvrir et cuire à feu doux pendant 6 à 8 heures. Disposez la viande sur un plat de service et réservez au chaud. Incorporer les biscuits au gingembre au bouillon. Ajouter la crème sure et la fécule de maïs combinées en remuant pendant 2 à 3 minutes. Servir la sauce sur les tranches de viande.

Faire frire dans une poêle

Le rôti aux légumes est imbattable pour un repas froid – ajoutez du vin rouge pour plus de saveur.

pour 8 personnes

1,5 kg de rôti de bœuf

2 gros oignons, coupés en deux et tranchés

1 paquet de soupe à l'oignon

450 g de carottes tranchées épaisses

1 kg/2 ¼ lb de pommes de terre cireuses, non pelées

½ petit chou, coupé en 6-8 morceaux

sel et poivre noir fraîchement moulu, au goût

120 ml/4 fl oz de vin rouge sec ou de bouillon

Placez le bœuf dans une mijoteuse de 5,5 litres sur les oignons et saupoudrez du mélange de soupe. Disposez les légumes autour de la viande et assaisonnez légèrement de sel et de poivre. Ajoutez le vin ou l'eau, couvrez et laissez cuire à feu doux pendant 6 à 8 heures. Servir la viande et les légumes avec du bouillon ou utiliser pour faire une sauce.

Remarque : Pour préparer la sauce, mesurez l'eau et versez-la dans une casserole. Chauffer jusqu'à ébullition. Pour chaque 250 ml/8 fl oz de bouillon, mélangez 2 cuillères à soupe de farine avec

50 ml/2 fl oz d'eau froide et fouettez jusqu'à épaississement, environ 1 minute.

cafetière frite

Recette préférée de sa bonne amie Judy Pompei, le bœuf est assaisonné avec l'ajout de café et de sauce soja.

pour 10 personnes

2 gros oignons, tranchés
1 rôti de bœuf désossé, par exemple une croupe (environ 1,5 kg/3 lb)
250 ml de café fort
50 ml de sauce soja
1 gousse d'ail, écrasée
1 cuillère à café de thym séché
2 feuilles de laurier

Placer la moitié des oignons dans la mijoteuse. Garnir du reste du bœuf et de l'oignon. Ajouter le reste des ingrédients. Couvrir et cuire à feu doux pendant 6 à 8 heures. Servir la viande avec le bouillon.

boeuf bourguignon

C'est la version de Catherine Atkinson de ce classique robuste et très apprécié de la région Bourgogne en France.

pour 4 personnes

175 g d'oignon rouge non pelé
2 cuillères à soupe d'huile d'olive
100 g de lard fumé, sans croûte, coupé en petits morceaux
100 g de champignons de Paris napolitains
2 gousses d'ail écrasées ou 10 ml/2 cuillères à café de purée d'ail
250 ml de bouillon de bœuf
700 g de steak poêlé ou maigre, nettoyé et coupé en cubes de 5 cm
2 cuillères à café de farine 00
250 ml de vin rouge
1 brin de thym frais ou 2,5 ml/½ cuillère à café de thym séché
1 feuille de laurier
sel et poivre noir fraîchement moulu
2 cuillères à soupe de persil frais haché
purée de pommes de terre crémeuse et un légume vert pour servir

Placez les oignons dans un bol résistant à la chaleur et versez suffisamment d'eau bouillante pour les couvrir. Laissez reposer 5 minutes. Pendant ce temps, faites chauffer 1 cuillère à soupe d'huile dans une poêle, ajoutez le bacon et faites-le revenir jusqu'à ce qu'il soit doré. Transférer dans la mijoteuse à l'aide d'une écumoire, en réservant toute l'huile et le jus. Égouttez les oignons et retirez la peau lorsqu'elle est suffisamment froide pour être manipulée. Ajouter à la poêle et cuire doucement jusqu'à ce qu'il commence à dorer. Ajouter les champignons et l'ail et cuire 2 minutes en remuant. Transférez les légumes dans la casserole. Versez le bouillon, fermez le couvercle et tournez la mijoteuse sur High ou Low.

Faites chauffer le reste de l'huile dans la poêle et faites frire la viande en cubes jusqu'à ce qu'elle soit dorée de tous les côtés. Saupoudrer la viande de farine et bien mélanger. Versez progressivement le vin en remuant constamment jusqu'à ce que la sauce bout et épaississe. Ajoutez le thym, les feuilles de laurier, le sel et le poivre dans la mijoteuse. Faites cuire la cocotte à feu élevé pendant 3 à 4 heures ou à feu doux pendant 6 à 8 heures ou jusqu'à ce que la viande et les légumes soient très tendres. Retirez la branche de thym et la feuille de laurier. Saupoudrer de persil et servir avec une purée de pommes de terre crémeuse et des légumes verts.

poitrine grillée

Cette délicieuse poitrine de bœuf est préparée avec un simple mélange d'épices et cuite lentement à la perfection dans une sauce barbecue.

pour 10 personnes

1 poitrine de bœuf, parée (environ 1,5 kg/3 lb)
frotter les épices
450 ml de sauce barbecue instantanée
50 ml de vinaigre de vin rouge
50 g de sucre de canne léger
2 oignons moyens, tranchés
120 ml d'eau
450 g de fettuccine, cuites, chaudes

Frottez la poitrine avec le Spice Rub et placez-la dans la mijoteuse. Ajouter les autres ingrédients combinés, sauf les fettuccines. Couvrir et cuire à feu doux pendant 6 à 8 heures, en augmentant le feu pendant les 20 à 30 dernières minutes. Transférez la poitrine dans une assiette et laissez-la reposer, recouverte de papier d'aluminium, pendant environ 10 minutes. Trancher et servir sur des nouilles avec de la sauce barbecue et des oignons.

Sandwichs au bœuf grillé

L'humble sandwich se transforme en un véritable festin avec cette recette.

pour 10 personnes

1 poitrine de bœuf, parée (environ 1,5 kg/3 lb)
Gommage aux épices (voir ci-dessous)
450 ml de sauce barbecue instantanée
50 ml de vinaigre de vin rouge
50 g de sucre de canne léger
2 oignons moyens, tranchés
120 ml d'eau
baguette ou sandwich
Salade De Chou

Frottez la poitrine avec le Spice Rub et placez-la dans la mijoteuse. Ajouter la baguette ou le petit pain et les autres ingrédients combinés, sauf la salade de chou. Couvrir et cuire à feu doux pendant 6 à 8 heures, en augmentant le feu pendant les 20 à 30 dernières minutes. Transférez la poitrine dans une assiette et laissez-la reposer, recouverte de papier d'aluminium, pendant environ 10 minutes. Râpez la poitrine avec une fourchette et incorporez-la au mélange de barbecue. Placer le bœuf dans des morceaux de baguette ou de petit pain et garnir de salade de chou.

frotter les épices

Idéal pour les plats de viande.

pour 3 cuillères à soupe

2 cuillères à soupe de persil frais finement haché
1 gousse d'ail, écrasée
½ cuillère à café de sel aromatisé
½ cuillère à café de gingembre moulu
½ cuillère à café de noix de coco fraîchement râpée
½ cuillère à café de poivre

Mélanger tous les ingrédients jusqu'à ce qu'ils soient complètement combinés.

bavette fourrée aux champignons

La garniture au bacon, aux champignons et au thym est vraiment bonne à l'intérieur du bœuf tendrement cuit.

Prestation 6

3 tranches de bacon
225 g de champignons de Paris, tranchés
½ oignon, haché
¾ cuillère à café de thym séché
sel et poivre noir fraîchement moulu, au goût
700 g de bœuf désossé épais
175 ml/6 fl oz de vin rouge sec ou de bouillon
100 g de riz, cuit, chaud

Cuire le bacon dans une grande poêle jusqu'à ce qu'il soit croustillant. Égoutter et émietter. Jetez tout sauf 1 cuillère à soupe de graisse de bacon. Ajouter les champignons, l'oignon et le thym dans la poêle et faire revenir jusqu'à ce qu'ils soient ramollis, 5 à 8 minutes. Mélanger le bacon. Saupoudrez de sel et de poivre.

Si nécessaire, battez la viande avec un attendrisseur à viande pour obtenir une épaisseur uniforme. Versez la farce sur la viande et enveloppez-la en commençant par le bord long. Fixez avec de courtes brochettes et placez dans la mijoteuse. Ajoutez le vin ou l'eau. Couvrir et cuire à feu doux pendant 6 à 8 heures. Tranchez-le et servez-le sur du riz.

Poitrine braisée à la bière

La marinade est la clé du succès de cette viande tendre et juteuse.

pour 4-6 personnes

1,25 kg/2½ lb.

300 ml/½ pinte de bière

sel et poivre noir fraîchement moulu

25 g de jus de veau, shortening végétal blanc ou huile de tournesol

2 oignons, coupés en 8 tranches chacun

2 carottes, coupées en quartiers

2 branches de céleri, tranchées épaisses

2 brins de thym frais

2 feuilles de laurier

2 clous de girofle entiers

150 ml de bouillon chaud

1 cuillère à soupe de fécule de maïs (fécule de maïs)

Placez-le dans un bol suffisamment grand pour contenir le bœuf et versez la bière dessus. Couvrez-le et laissez-le mariner au réfrigérateur pendant au moins 8 heures, voire toute la nuit si vous le souhaitez, en le retournant plusieurs fois si possible. Égouttez la viande, réservez la bière et séchez-la. Assaisonnez bien la viande avec du sel et du poivre. Faites chauffer le shortening, le shortening ou l'huile dans une grande poêle épaisse jusqu'à ce qu'il soit chaud. Ajouter la viande et retourner fréquemment jusqu'à ce qu'elle soit bien dorée. Soulevez le bœuf dans une assiette.

Versez un peu d'huile dans la poêle, puis ajoutez les oignons, les carottes et le céleri. Cuire quelques minutes jusqu'à ce qu'ils soient légèrement dorés et commencent à ramollir. Disposez les légumes sur une seule rangée au fond du pot en céramique. Disposez le bœuf dessus, puis ajoutez le reste des légumes sur les bords de la viande. Ajoutez le thym, le laurier et les clous de girofle. Versez la marinade à la bière sur la viande, puis versez le bouillon. Fermez le couvercle et laissez cuire à feu doux pendant 5 à 8 heures ou jusqu'à ce que la viande et les légumes soient bien cuits et tendres. Retourner la viande et l'arroser de sauce une à deux fois pendant la cuisson.

Retirez la viande et placez-la sur une assiette chauffée ou une planche à découper. Couvrir de papier aluminium et laisser reposer 10 minutes avant de couper en tranches épaisses. Pendant ce temps, écumer le jus et le gras de la sauce dans un bol en céramique. Dans une casserole, mélangez la fécule de maïs avec un peu d'eau froide, puis filtrez l'eau (réservez les légumes en jetant le laurier et le thym). Porter à ébullition en remuant jusqu'à ce que le mélange bouillonne et épaississe. Goûter et ajuster l'assaisonnement si nécessaire. Servir la riche sauce avec de la viande et des légumes.

Poitrine de Boeuf Farcie aux Légumes

Après une cuisson longue et lente, la viande sera très tendre et merveilleusement farcie de cette passionnante sélection de légumes.

Prestation 6

40 g de champignons tranchés

½ oignon, haché

½ carotte, hachée

50 g de courgettes hachées

25 g de maïs sucré, décongelé s'il est congelé

¾ cuillère à café de romarin séché

1 cuillère à soupe d'huile d'olive

sel et poivre noir fraîchement moulu, au goût

700 g de bœuf désossé épais

400 g de tomates hachées en conserve

100 g de riz, cuit, chaud

Faire revenir les champignons, l'oignon, les carottes, les courgettes, le maïs et le romarin dans l'huile d'olive dans une poêle pendant 5 à 8 minutes jusqu'à ce qu'ils ramollissent. Saupoudrez de sel et de poivre.

Si nécessaire, battez la viande avec un attendrisseur à viande pour obtenir une épaisseur uniforme. Versez la farce sur la viande et enveloppez-la en commençant par le bord long. Fixez avec de courtes brochettes et placez dans la mijoteuse. Ajoutez les tomates. Couvrir et cuire à feu doux pendant 6 à 8 heures. Tranchez-le et servez-le sur du riz.

Bicarbonate de soude au bœuf

Vous n'avez besoin que d'une petite quantité de bière pour parfumer ce célèbre plat belge, c'est donc une bonne idée d'en choisir une que vous aimez boire.

pour 4 personnes

700 g/1½ lb de steak poêlé ou maigre, paré
2 cuillères à soupe d'huile de tournesol
1 gros oignon, tranché finement
2 gousses d'ail écrasées ou 2 cuillères à café d'ail en purée
2 cuillères à café de cassonade molle
1 cuillère à soupe de farine 00
250 ml de bière
250 ml de bouillon de bœuf

1 cuillère à café de vinaigre de vin
1 feuille de laurier
sel et poivre noir fraîchement moulu
persil frais haché pour garnir
pain français croustillant pour servir

Coupez la viande en morceaux d'environ 5 cm carrés et 1 cm d'épaisseur. Faites chauffer 1 cuillère à soupe d'huile dans une poêle et faites revenir la viande de tous les côtés. Transférer dans une casserole en céramique avec une écumoire, en laissant le jus dans la casserole. Ajoutez le reste de l'huile dans la poêle. Ajoutez l'oignon et faites cuire doucement pendant 5 minutes. Incorporer l'ail et le sucre, puis saupoudrer de farine et mélanger. Ajoutez progressivement la bière et portez à ébullition. Faire bouillir pendant une minute, puis éteindre le feu. Versez le mélange sur la viande, puis ajoutez le bouillon et le vinaigre. Ajouter la feuille de laurier et assaisonner de sel et de poivre. Couvrir avec un couvercle. Cuire à puissance élevée pendant 1 heure, puis réduire le feu à doux et cuire encore 5 à 7 heures ou jusqu'à ce que la viande soit très tendre.

Retirer la feuille de laurier et rectifier l'assaisonnement si nécessaire. Servir immédiatement la cocotte, garnie de persil frais haché et accompagnée de pain français grillé.

Rouladen

Des steaks fins rendent ces wraps au bœuf et au jambon faciles.

pour 4 personnes

4 petits ou 2 gros steaks de bœuf fins (environ 450 g/1 lb de poids total)

sel et poivre noir fraîchement moulu, au goût

4 tranches de jambon fumé (environ 25g chacune)

100 g de champignons finement hachés

3 cuillères à soupe de persil finement haché

½ oignon, haché

1-2 cuillères à soupe de moutarde de Dijon

1 cuillère à café d'aneth séché

120 ml de bouillon de bœuf

Assaisonnez légèrement les steaks avec du sel et du poivre. Garnir chaque steak d'une tranche de jambon. Mélanger tous les ingrédients sauf le bouillon et répartir sur les tranches de jambon. Rassemblez les steaks et fixez-les avec des piques à cocktail. Placer la couture vers le bas dans la mijoteuse. Ajoutez le bouillon. Couvrir et cuire à feu doux pendant 5 à 6 heures.

Rouladen italien

Le provolone est un fromage italien similaire à la mozzarella mais avec une saveur beaucoup plus corsée.

pour 4 personnes

4 petits ou 2 gros steaks de bœuf fins (environ 450 g/1 lb de poids total)

sel et poivre noir fraîchement moulu, au goût

4 tranches de jambon fumé (environ 25g chacune)

4 tranches de Provolone

4 cuillères à soupe de tomates séchées hachées

2 cuillères à café d'aneth séché

120 ml de bouillon de bœuf

Assaisonnez légèrement les steaks avec du sel et du poivre. Garnir chaque steak d'une tranche de jambon. Mélanger le fromage et les tomates et répartir sur les tranches de jambon. Saupoudrer d'aneth. Rassemblez les steaks et fixez-les avec des piques à cocktail. Placer la couture vers le bas dans la mijoteuse. Ajoutez le bouillon. Couvrir et cuire à feu doux pendant 5 à 6 heures.

Rouladen grec

Une saveur unique à la Grèce, accompagnée de feta et d'olives.

pour 4 personnes

4 petits ou 2 gros steaks de bœuf fins (environ 450 g/1 lb de poids total)

sel et poivre noir fraîchement moulu, au goût

50 g de fromage blanc

2 oignons nouveaux, finement hachés

4 tomates séchées au soleil, hachées

25 g d'olives grecques tranchées

120 ml de bouillon de bœuf

Assaisonnez légèrement les steaks avec du sel et du poivre. Écrasez le fromage avec l'oignon, les tomates séchées et les olives et répartissez-le sur les steaks. Rassemblez les steaks et fixez-les avec des piques à cocktail. Placer la couture vers le bas dans la mijoteuse. Ajoutez le bouillon. Couvrir et cuire à feu doux pendant 5 à 6 heures.

côtes levées

Vous trouverez ces côtes levées particulièrement savoureuses et juteuses. Le rongement des os est autorisé !

pour 4 personnes

250 ml/8 fl oz de vin rouge sec ou de bouillon
4 grosses carottes, tranchées épaisses
1 gros oignon, coupé en tranches
2 feuilles de laurier
1 cuillère à café de marjolaine séchée
900 g de côtes levées de bœuf

Mélanger tous les ingrédients dans la mijoteuse et déposer les côtes levées dessus. Couvrir et cuire à feu doux pendant 7 à 8 heures.

Bœuf épicé au raifort

Le piquant chaleureux de cette cocotte de Catherine Atkinson est obtenu grâce à un mélange de crème de raifort, de gingembre et de poudre de curry.

pour 4 personnes

1 oignon, haché
2 cuillères à soupe de sauce crémeuse au raifort
1 cuillère à soupe de sauce Worcestershire
450 ml de bouillon de bœuf chaud (non bouillant)
1 cuillère à soupe de farine 00
1 cuillère à café de poudre de curry moyenne
½ cuillère à café de gingembre moulu
1 cuillère à café de cassonade foncée
700 g de rôti de bœuf ou de steak maigre, coupé en cubes
sel et poivre noir fraîchement moulu
2 cuillères à soupe de persil frais ou surgelé haché
pommes de terre nouvelles et un légume vert pour servir

Mettez l'oignon dans le pot en céramique. Ajoutez le raifort et la sauce Worcestershire au bouillon et versez sur l'oignon. Tournez la mijoteuse sur Low et laissez reposer 3 à 4 minutes pendant que vous préparez et mesurez le reste des ingrédients.

Mélanger la farine, la poudre de curry, le gingembre et le sucre dans un bol. Ajouter le bœuf et remuer pour bien enrober les cubes du mélange d'épices. Ajouter à la mijoteuse et assaisonner de sel et de poivre. Couvrir et cuire à feu doux pendant 6 à 7 heures ou jusqu'à ce que la viande soit vraiment tendre.

Ajoutez le persil et rectifiez l'assaisonnement si nécessaire. Servir avec un légume vert comme des pommes de terre nouvelles et du chou frisé râpé cuit à la vapeur.

Boulettes de viande simples

Les boulettes de viande sont moelleuses comme elles devraient l'être, et il y a aussi beaucoup de restes pour les sandwichs ! Servir avec une vraie purée de pommes de terre.

Prestation 6

700 g de viande hachée maigre
100g de flocons d'avoine
120 ml de lait demi-écrémé
1 oeuf
50 ml de sauce tomate ou piquante
1 oignon, haché
½ poivron vert, haché
1 gousse d'ail, écrasée
1 cuillère à café d'assaisonnement aux herbes italiennes séchées
1 cuillère à café de sel
½ cuillère à café de poivre

Fabriquez des poignées en aluminium et placez-les dans la mijoteuse. Mélanger jusqu'à ce que tous les ingrédients soient mélangés. Formez un pain avec le mélange et placez-le dans la mijoteuse, en vous assurant que les bords du pain ne touchent pas la cocotte. Insérez un thermomètre à viande avec la pointe au centre du pain. Couvrir et cuire à feu doux jusqu'à ce qu'un thermomètre à viande indique 76 ºC, environ 6 à 7 heures. Retirer à l'aide de supports en aluminium et laisser reposer, légèrement recouvert de papier d'aluminium, pendant 10 minutes.

Boulettes de viande italiennes

Boulettes de viande classiques mais avec une touche italienne. Vous pouvez utiliser de la sauce piquante à la place du ketchup.

Prestation 6

700 g de viande hachée maigre
100g de flocons d'avoine
120 ml de lait demi-écrémé
1 oeuf
50 ml de ketchup aux tomates
1 oignon, haché
½ poivron vert, haché
1 gousse d'ail, écrasée
1 cuillère à soupe de parmesan fraîchement râpé
50 g de mozzarella râpée
2 cuillères à soupe d'olives noires dénoyautées, hachées
1 cuillère à café d'assaisonnement aux herbes italiennes séchées
1 cuillère à café de sel
½ cuillère à café de poivre

2 cuillères à soupe de sauce tomate ou de ketchup prête à l'emploi

parmesan râpé et mozzarella dure râpée pour la garniture

Fabriquez des poignées en aluminium et placez-les dans la mijoteuse. Mélanger jusqu'à ce que tous les ingrédients soient mélangés. Formez un pain avec le mélange et placez-le dans la mijoteuse, en vous assurant que les bords du pain ne touchent pas la cocotte. Insérez un thermomètre à viande avec la pointe au centre du pain. Couvrir et cuire à feu doux jusqu'à ce qu'un thermomètre à viande indique 76 ºC, environ 6 à 7 heures. Couvrir de sauce tomate ou de ketchup et saupoudrer de fromage. Couvrir et cuire à feu doux jusqu'à ce que le fromage fonde, 5 à 10 minutes. Retirer à l'aide des poignées en aluminium.

Boulettes de viande au fromage salé

Ce pain de viande a une saveur très fromageuse, ce qui le rend riche et extrêmement satisfaisant. Vous pouvez utiliser de la sauce piquante à la place du ketchup.

Prestation 6

450 g de viande hachée maigre

225 g de viande hachée de porc maigre

100 g de fromage à pâte molle

75 g de cheddar râpé

100g de flocons d'avoine

120 ml de lait demi-écrémé

1 oeuf

50 ml de ketchup aux tomates

2 cuillères à soupe de sauce Worcestershire

1 oignon, haché

½ poivron vert, haché

1 gousse d'ail écrasée,

1 cuillère à café d'assaisonnement aux herbes italiennes séchées

1 cuillère à café de sel

½ cuillère à café de poivre

Fabriquez des poignées en aluminium et placez-les dans la mijoteuse. Mélanger tous les ingrédients sauf 25 g/1 oz de fromage Cheddar jusqu'à ce que le tout soit bien mélangé. Formez un pain avec le mélange et placez-le dans la mijoteuse, en vous assurant que les bords du pain ne touchent pas la cocotte. Insérez un thermomètre à viande avec la pointe au centre du pain. Couvrir et cuire à feu doux jusqu'à ce qu'un thermomètre à viande indique 76 ºC, environ 6 à 7 heures. Saupoudrer du fromage cheddar réservé, couvrir et cuire à feu doux jusqu'à ce que le fromage fonde, 5 à 10 minutes. Retirer à l'aide des poignées en aluminium.

Chutney de boulettes de viande et cacahuètes

Si vous n'avez pas de Branston Pickle, vous pouvez également utiliser du chutney haché en quantité égale.

Prestation 6

700 g de viande hachée maigre
100g de flocons d'avoine
120 ml de lait demi-écrémé
1 oeuf
100 g de cornichon Branston
1 oignon, haché
½ poivron vert, haché
1 gousse d'ail écrasée,
50 g de cacahuètes hachées
1 cuillère à café de curry en poudre
½ cuillère à café de gingembre moulu
1 cuillère à café d'assaisonnement aux herbes italiennes séchées
1 cuillère à café de sel
½ cuillère à café de poivre

Fabriquez des poignées en aluminium et placez-les dans la mijoteuse. Mélanger jusqu'à ce que tous les ingrédients soient mélangés. Formez un pain avec le mélange et placez-le dans la mijoteuse, en vous assurant que les bords du pain ne touchent pas la cocotte. Insérez un thermomètre à viande avec la pointe au centre du pain. Couvrir et cuire à feu doux jusqu'à ce qu'un thermomètre à viande indique 76 ºC, environ 6 à 7 heures. Retirer à l'aide de supports en aluminium et laisser reposer, légèrement recouvert de papier d'aluminium, pendant 10 minutes.

Sauce aux œufs au citron

Cette délicate sauce citronnée peut être réalisée avec un bouillon de légumes.

Convient pour 6 personnes en accompagnement

1 cuillère à soupe de beurre ou de margarine

2 cuillères à soupe de farine

120 ml de bouillon de poulet

120 ml de lait demi-écrémé

1 œuf légèrement battu

3-4 cuillères à soupe de jus de citron

1 cuillère à café de zeste de citron râpé

sel et poivre blanc, au goût

Faire fondre le beurre dans une poêle de taille moyenne. Ajouter la farine et cuire 1 minute. Mélanger le bouillon et le lait. Faire bouillir en remuant jusqu'à épaississement, environ 1 minute. Incorporer environ la moitié du mélange de bouillon aux œufs. Remettez le mélange dans la poêle. Battre à feu moyen pendant 1 minute. Ajouter le jus et le zeste de citron. Saupoudrez de sel et de poivre.

Boulettes de viande au citron avec sauce aux œufs au citron

Les boulettes de viande prennent une nouvelle dimension avec un accent citronné et une onctueuse sauce œuf-citron pour accompagner.

Prestation 6

700 g de viande hachée maigre
50 g de chapelure fraîche
1 oeuf
1 petit oignon, haché
½ petit poivron vert, haché
1 gousse d'ail, écrasée
1 cuillère à soupe de jus de citron
1 cuillère à soupe de zeste de citron râpé
1 cuillère à café de moutarde de Dijon
½ cuillère à café de thym séché
½ cuillère à café de poivre
¾ cuillère à café de sel
Sauce aux œufs et au citron (voir à gauche)

Fabriquez des poignées en aluminium et placez-les dans la mijoteuse. Mélanger tous les ingrédients sauf la sauce œuf-citron jusqu'à ce que le tout soit mélangé. Formez un pain avec le mélange et placez-le dans la mijoteuse, en vous assurant que les bords du pain ne touchent pas la cocotte. Insérez un thermomètre à viande avec la pointe au centre du pain. Couvrir et cuire à feu doux jusqu'à ce qu'un thermomètre à viande indique 76 ºC, 6 à 7 heures. Retirer à l'aide de supports en aluminium et laisser reposer, légèrement recouvert de papier d'aluminium, pendant 10 minutes. Servir avec une sauce aux œufs citronnée.

Pain Au Jambon Amer

Les boulettes de viande peuvent également être cuites dans un moule à pain de 9 x 5/23 x 13 cm ou dans deux moules à pain plus petits s'ils rentrent dans la mijoteuse. Placez les moules sur une grille ou dans des boîtes de thon vides avec les deux extrémités retirées.

Prestation 6

450 g de viande hachée maigre
225 g de jambon fumé haché ou finement haché
50 g de chapelure fraîche
1 oeuf
1 petit oignon, haché
½ petit poivron vert, haché
1 gousse d'ail, écrasée
1 cuillère à café de moutarde de Dijon
2 cornichons hachés
50 g d'amandes hachées grossièrement
50 g de fruits secs mélangés
90 g d'abricots en conserve
1 cuillère à soupe de vinaigre de cidre de pomme
2 cuillères à café de sauce soja
½ cuillère à café de poivre

¾ cuillère à café de sel

Fabriquez des poignées en aluminium et placez-les dans la mijoteuse. Mélanger jusqu'à ce que tous les ingrédients soient mélangés. Formez un pain avec le mélange et placez-le dans la mijoteuse, en vous assurant que les bords du pain ne touchent pas la cocotte. Insérez un thermomètre à viande avec la pointe au centre du pain. Couvrir et cuire à feu doux jusqu'à ce qu'un thermomètre à viande indique 76 ºC, 6 à 7 heures. Retirer à l'aide de supports en aluminium et laisser reposer, légèrement recouvert de papier d'aluminium, pendant 10 minutes.

Bœuf facile au vin et légumes

Un plat de viande simple mais satisfaisant. Servir sur des nouilles si désiré.

pour 4 personnes

450 g de steak de bœuf, coupé en lanières de 1 cm/½ ½

250 ml de bouillon de bœuf

120 ml/4 fl oz de vin rouge sec

275 g/10 oz de haricots verts, coupés en petits morceaux

2 pommes de terre, hachées

2 petits oignons, coupés en tranches

3 carottes, tranchées épaisses

¾ cuillère à café de thym séché

sel et poivre noir fraîchement moulu, au goût

Mélanger tous les ingrédients sauf le sel et le poivre dans la mijoteuse. Couvrir et cuire à feu doux pendant 6 à 8 heures. Saupoudrez de sel et de poivre.

feuilles farcies

Choisissez du bœuf haché maigre de qualité à mélanger avec des poivrons, des oignons et du riz pour une délicieuse farce de feuilles de chou cuites à la sauce tomate.

pour 4 personnes

8 grandes feuilles de chou frisé
450 g de viande hachée maigre
½ oignon, finement haché
¼ poivron vert, finement haché
15 g de riz cuit
50 ml d'eau
1 cuillère à café de sel
¼ cuillère à café de poivre noir fraîchement moulu
400 g de sauce tomate prête
450 g de tomates en dés en conserve

Placer les feuilles de chou frisé dans l'eau bouillante jusqu'à ce qu'elles ramollissent, 1 à 2 minutes. Bien filtrer. Coupez les nervures épaisses des feuilles pour qu'elles reposent à plat. Mélanger la viande hachée et les autres ingrédients sauf la sauce tomate et les tomates hachées. Divisez le mélange de viande en huit morceaux égaux, chacun formant une forme de pain. Enroulez chacun dans une feuille de chou en pinçant les extrémités et les côtés. Versez la moitié de la sauce tomate combinée et des tomates en dés dans la mijoteuse. Ajouter les rouleaux de chou, couture vers le bas. Versez dessus le reste du mélange de tomates. Couvrir et cuire à feu doux pendant 6 à 8 heures.

Boulettes de viande à la florentine

La ricotta, les épinards et les saveurs méditerranéennes rendent ces boulettes de viande incroyablement délicieuses.

pour 4 personnes

65 g de feuilles d'épinards
100 g de fromage cottage
1 oeuf
2 oignons nouveaux, hachés
2 gousses d'ail
2 cuillères à café de thym séché
½ cuillère à café d'aneth séché
½ cuillère à café de noix de coco fraîchement râpée
½ cuillère à café de sel
½ cuillère à café de poivre
450 g de viande hachée maigre
25 g de chapelure fraîche
1 litre de vinaigrette aux herbes
225 g de nouilles cuites, chaudes

Mélanger les épinards, la ricotta, l'œuf, les oignons verts, l'ail, les assaisonnements, le sel et le poivre dans un robot culinaire ou un mélangeur jusqu'à consistance lisse. Mélanger avec la viande hachée et la chapelure. Former 8 à 12 boulettes de viande avec le mélange. Mélanger les boulettes de viande et la sauce pour pâtes dans la mijoteuse, en enrobant les boulettes de viande de sauce. Couvrir et cuire à feu doux pendant 5 à 6 heures. Servir sur des nouilles.

Rigatoni aux boulettes de viande d'aubergines

L'aubergine est un ingrédient surprise dans ces magnifiques boulettes de viande.

Prestation 6

Boulettes de viande d'aubergines (voir ci-dessous)
700 g de sauce pour pâtes en pot
350 g/12 oz de rigatoni ou autres formes de pâtes, cuites, chaudes
2-3 cuillères à soupe d'huile d'olive
2 cuillères à soupe de câpres égouttées
15 g/½ once de persil plat frais haché

Mélanger les boulettes de viande d'aubergines et la sauce pour pâtes dans la mijoteuse, en enrobant les boulettes de viande de sauce. Couvrir et cuire à feu doux pendant 6 à 8 heures. Assaisonner les rigatoni avec l'huile, les câpres et le persil. Servir avec des boulettes de viande et de la sauce.

boulettes de viande d'aubergine

Les aubergines coupées en dés ajoutent une richesse différente à ces boulettes de viande.

Pour 18 boulettes de viande

1 petite aubergine (environ 350 g/12 oz), hachée
700 g de viande hachée maigre
50 g de parmesan ou de romaine fraîchement râpé
25 g de chapelure sèche
2 oeufs
1½ cuillères à café d'assaisonnement aux herbes italiennes séchées
1 cuillère à café de sel
½ cuillère à café de poivre

Cuire les aubergines dans une poêle moyenne dans 2 pouces d'eau bouillante jusqu'à ce qu'elles soient tendres, environ 10 minutes. Filtrer, refroidir et écraser. Combinez les aubergines avec d'autres ingrédients des boulettes de viande. Former 18 boulettes de viande.

Boboti sud-africain

Une recette traditionnelle d'Afrique du Sud.

pour 4 personnes

2 tranches de pain rassis, sans croûte
2 cuillères à soupe d'huile
1 oignon, tranché
2 gousses d'ail, écrasées
10 ml/2 cuillères à café de poudre de curry
2,5 ml/½ cuillère à café de clous de girofle moulus
5 ml/1 cuillère à café de curcuma en poudre
2 oeufs
450 g de viande hachée
2 cuillères à soupe d'eau chaude
2 cuillères à soupe de jus de citron
2 cuillères à soupe de sucre
sel et poivre noir fraîchement moulu
Pour le remplissage:
1 oeuf
150 ml/¼ pt de lait
une poignée d'amandes
du riz et un légume vert, pour servir

Faites tremper le pain dans l'eau tiède pendant 10 minutes, puis essorez-le et émiettez-le. Faites chauffer l'huile dans une poêle et faites revenir l'oignon jusqu'à ce qu'il soit tendre. Ajoutez l'ail, le curry, les clous de girofle et le curcuma et faites revenir encore 5 minutes en remuant fréquemment. Battez les œufs dans un bol, puis ajoutez la viande hachée. Ajouter le mélange d'oignons et d'épices, le pain, l'eau chaude, le jus de citron et le sucre. Assaisonner de sel et de poivre et bien mélanger. Transférer le mélange dans un moule à cake beurré de 450 g et couvrir de papier aluminium. Placer dans la mijoteuse et ajouter de l'eau bouillante jusqu'à mi-hauteur des côtés de la casserole. Couvrir et cuire à feu doux pendant 8 à 10 heures jusqu'à ce qu'il soit cuit.

Mélangez les œufs, le lait et les amandes et versez dessus. Couvrir et cuire à puissance élevée pendant encore 30 minutes jusqu'à ce que le tout soit pris. Servir tranché avec du riz et un légume vert.

viande de village

Les légumes-racines, les herbes, l'ail et les pois donnent à ce ragoût beaucoup de saveur et de texture. C'est délicieux servi sur des nouilles ou du riz.

pour 4 personnes

900 g de steak maigre rôti, coupé en cubes
250 ml de bouillon de bœuf
150 g de panais hachés
2 oignons, hachés
1 grosse branche de céleri, hachée
120 ml/4 fl oz de vin rouge sec ou de bouillon
350 g de pommes de terre, pelées et coupées en dés
2 grosses carottes, tranchées épaisses
3 gousses d'ail écrasées
2 cuillères à soupe de purée de tomates
½ cuillère à café de thym séché
½ cuillère à café de romarin séché
1 grande feuille de laurier
50 g de petits pois surgelés, décongelés
2 cuillères à soupe de fécule de maïs
50 ml d'eau froide

sel et poivre noir fraîchement moulu, au goût

Mélangez tous les ingrédients sauf les pois, la fécule de maïs, l'eau, le sel et le poivre dans une mijoteuse de 5,5 litres. Couvrir et cuire à pleine puissance pendant 4 à 5 heures. Ajouter les petits pois, augmenter le feu et cuire 10 minutes. Ajouter la semoule de maïs et l'eau combinées en remuant pendant 2 à 3 minutes. Jetez la feuille de laurier. Saupoudrez de sel et de poivre.

boeuf copieux

Les haricots rouges en font l'une des cocottes les plus délicieuses que vous puissiez préparer.

Prestation 6

450 g de steak de bœuf maigre, coupé en cubes (2 cm)
175 ml de bouillon de bœuf
400 g de tomates hachées en conserve
400 g de haricots rouges, égouttés et rincés
1 oignon, haché
3 petites pommes de terre molles, non pelées et hachées
3 carottes, tranchées
1 cuillère à soupe de fécule de maïs
2 cuillères à soupe d'eau froide
2-3 cuillères à café de sauce Worcestershire
sel et poivre noir fraîchement moulu, au goût

Dans la mijoteuse, mélanger tous les ingrédients sauf la fécule de maïs, l'eau, la sauce Worcestershire, le sel et le poivre. Couvrir et cuire à feu doux pendant 6 à 8 heures. Allumez le feu et laissez cuire 10 minutes. Ajouter la semoule de maïs et l'eau combinées en remuant pendant 2 à 3 minutes. Assaisonner avec la sauce Worcestershire, sel et poivre.

Casserole de boeuf nature

Servez cette cocotte de bœuf assaisonnée à l'italienne sur des nouilles, du riz ou de la polenta au micro-ondes.

Prestation 6

900 g de rôti de bœuf maigre, coupé en cubes (2,5 cm/1 pouce)
400 g de tomates hachées en conserve
120 ml de bouillon de bœuf
120 ml/4 fl oz de vin rouge sec ou de bouillon
2 oignons, hachés
2 gousses d'ail, écrasées
2 cuillères à café d'assaisonnement aux herbes italiennes séchées
sel et poivre noir fraîchement moulu, au goût

Mélanger tous les ingrédients sauf le sel et le poivre dans la mijoteuse. Couvrir et cuire à feu doux pendant 6 à 8 heures. Saupoudrez de sel et de poivre.

Bœuf aux herbes préféré de la famille

Beaucoup de légumes cuits jusqu'à ce qu'ils soient tendres ajoutent une grande saveur à cette cocotte saine.

pour 8 personnes

900 g de rôti de bœuf maigre, coupé en cubes (2,5 cm/1 pouce)

400 g de tomates hachées en conserve

250 ml de bouillon de bœuf

350 g de pommes de terre, pelées et coupées en dés

275 g/10 oz de rutabagas ou de feuilles de navet, hachées

3 oignons, hachés

1 grosse carotte, tranchée épaisse

2 grosses branches de céleri, tranchées

4 gousses d'ail, écrasées

½ à ¾ cuillère à café de marjolaine séchée

½ à ¾ cuillère à café de thym séché

1 feuille de laurier

2 cuillères à soupe de fécule de maïs

50 ml d'eau froide

2-3 cuillères à café de sauce Worcestershire

sel et poivre noir fraîchement moulu, au goût

Mélangez tous les ingrédients sauf la fécule de maïs, l'eau, la sauce Worcestershire, le sel et le poivre dans une mijoteuse de 5,5 litres. Couvrir et cuire à feu doux pendant 6 à 8 heures. Allumez le feu et laissez cuire 10 minutes. Ajouter la semoule de maïs et l'eau combinées en remuant pendant 2 à 3 minutes. Jetez la feuille de laurier. Assaisonner avec la sauce Worcestershire, sel et poivre.

Porc Salé et Chorizo Mexicain

Ce plat de porc au chili fait également de délicieux tacos.

6-8 personnes

chorizo mexicain

Longe de porc désossée 225 g/8 oz, en cubes (2,5 cm/1 pouce)

2 grosses tomates hachées

1 petit oignon rouge, tranché

1 gousse d'ail, écrasée

¼ cuillère à café de thym séché

¼ cuillère à café de thym séché

1 feuille de laurier

1-3 piments jalapeño marinés ou autres piments forts, finement hachés

1 cuillère à soupe de jus de poivron mariné

sel et poivre noir fraîchement moulu, au goût

225-350 g de riz, cuit, chaud

Cuire le chorizo mexicain dans une poêle moyenne légèrement huilée à feu moyen jusqu'à ce qu'il soit doré et le briser à la fourchette. Dans la mijoteuse, mélanger le chorizo mexicain, le sel, le poivre et les autres ingrédients sauf le riz. Couvrir et cuire à pleine puissance pendant 4 à 5 heures. Jetez la feuille de laurier. Saupoudrez de sel et de poivre. Servir sur du riz.

Tacos au porc et au chorizo

Vous pouvez envelopper le mélange dans des tortillas de farine molles et réchauffées au lieu de coquilles à tacos.

6-8 personnes

chorizo mexicain

Longe de porc désossée 225 g/8 oz, en cubes (2,5 cm/1 pouce)

2 grosses tomates hachées

1 petit oignon rouge, tranché

1 gousse d'ail, écrasée

¼ cuillère à café de thym séché

¼ cuillère à café de thym séché

1 feuille de laurier

1-3 piments jalapeño marinés ou autres piments forts, finement hachés

1 cuillère à soupe de jus de poivron mariné

sel et poivre noir fraîchement moulu, au goût

1 cuillère à soupe de fécule de maïs

2 cuillères à soupe d'eau

15 g de coriandre fraîche hachée

6-8 coquilles à tacos

Crème fraîche

laitue iceberg râpée

Cuire le chorizo mexicain dans une poêle moyenne légèrement huilée à feu moyen jusqu'à ce qu'il soit doré et le briser à la fourchette. Dans la mijoteuse, mélanger le chorizo mexicain et le sel, le poivre, la fécule de maïs, l'eau, la coriandre, les tacos, la crème sure et les autres ingrédients sauf la laitue. Couvrir et cuire à pleine puissance pendant 4 à 5 heures. Une fois cuite, jetez la feuille de laurier et assaisonnez de sel et de poivre. Allumez le feu et laissez cuire 10 minutes. Ajouter la semoule de maïs et l'eau combinées en remuant pendant 2 à 3 minutes. Incorporer la coriandre. Servir dans des coquilles à tacos chaudes et croustillantes, garnies de crème sure et de laitue râpée.

Porc aux pommes de terre et chou

Servez ce succulent plat de porc sur des nouilles ou du riz.

pour 4 personnes

Longe de porc maigre désossée 450 g/1 lb

400 g de tomates en conserve

225 g de sauce tomate prête

225 g de chou tranché finement

350 g de pommes de terre pelées et hachées

1 gros oignon, finement haché

2 gousses d'ail, écrasées

1 cuillère à soupe de cassonade

2 cuillères à café de vinaigre balsamique

2 cuillères à café de thym séché

1 feuille de laurier

sel et poivre noir fraîchement moulu, au goût

Mélanger tous les ingrédients sauf le sel et le poivre dans la mijoteuse. Couvrir et cuire à feu doux pendant 6 à 8 heures. Jetez la feuille de laurier. Saupoudrez de sel et de poivre.

Porc et choucroute

Cette cocotte d'inspiration allemande est mieux servie dans des bols peu profonds avec des petits pains de seigle croustillants pour l'accompagner.

pour 4 personnes

450 g de longe de porc maigre désossée, coupée en cubes (2 cm)
400 g de tomates hachées en conserve
450 g de choucroute égouttée
350 g de pommes de terre à chair ferme, tranchées finement
1 gros oignon, finement haché
1 cuillère à café de graines de cumin
120 ml de crème sure
1 cuillère à soupe de fécule de maïs
sel et poivre noir fraîchement moulu, au goût

Mélanger tous les ingrédients sauf la crème sure, la fécule de maïs, le sel et le poivre dans la mijoteuse. Couvrir et cuire à feu doux pendant 6 à 8 heures. Ajouter la crème sure et la fécule de maïs combinées en remuant pendant 2 à 3 minutes. Saupoudrez de sel et de poivre.

Porc finlandais aux betteraves et nouilles

Ce plat scandinave est coloré et délicieux.

pour 4 personnes

450 g de longe de porc maigre désossée, coupée en cubes (5 cm)

250 ml de bouillon de bœuf

3 cuillères à soupe de vinaigre de cidre de pomme

2 oignons, hachés

1 ½ cuillères à café de crème de raifort

½ cuillère à café de thym séché

450 g de betteraves bouillies, hachées

2 cuillères à café de fécule de maïs

50 ml d'eau froide

sel et poivre noir fraîchement moulu, au goût

225 g de nouilles aux œufs, cuites, tièdes

Dans la mijoteuse, mélanger tous les ingrédients sauf les betteraves, la fécule de maïs, l'eau, le sel, le poivre et les nouilles. Couvrir et cuire à feu doux pendant 6 à 8 heures. Ajoutez les cubes de betterave, augmentez le feu et laissez cuire 10 minutes. Ajouter la semoule de maïs et l'eau combinées en remuant pendant 2 à 3 minutes. Saupoudrez de sel et de poivre. Servir sur des nouilles.

porc allemand

Servez ce plat sur des nouilles ou avec d'épaisses tranches de pain de seigle chaud.

pour 4 personnes

Longe de porc désossée 450 g/1 lb, en cubes (2,5 cm/1 pouce)
250 ml de cidre
2 oignons, hachés
150 g/5 oz de rutabaga, coupé en dés
275 g de choucroute égouttée
350 g de pommes de terre pelées et tranchées finement
2 feuilles de laurier
1½ cuillères à soupe de cassonade
2 pommes moyennes, pelées et tranchées
50 g de petits pois surgelés, décongelés
sel et poivre noir fraîchement moulu, au goût

Mélangez tous les ingrédients sauf les pommes, les pois, le sel et le poivre dans la mijoteuse. Couvrir et cuire pendant 6 à 8 heures, en ajoutant les pommes et les pois pendant les 30 dernières minutes. Jetez les feuilles de laurier. Saupoudrez de sel et de poivre.

Jambon aux haricots verts et pois chiches

Servez ce plat de jambon, de légumineuses et de gombo avec du pain de maïs aux poivrons rôtis.

Prestation 6

12 à 450 g de jambon cuit, coupé en dés
400 g de tomates en conserve
400 g de pois chiches en conserve, égouttés et rincés
400 g de pois aux yeux noirs, égouttés et rincés
1 oignon, haché
2 gousses d'ail, écrasées
1 cuillère à café de marjolaine séchée
1 cuillère à café de thym séché
¼ cuillère à café de sauce Tabasco
275 g/10 oz d'épinards surgelés, décongelés et égouttés
225 g de gombo, pelé et coupé en morceaux
sel et poivre noir fraîchement moulu, au goût

Dans la mijoteuse, mélanger tous les ingrédients sauf les épinards, le gombo, le sel et le poivre. Couvrir et cuire à pleine puissance pendant 4 à 5 heures, en ajoutant les épinards et le gombo dans les 30 dernières minutes. Saupoudrez de sel et de poivre.

Jambon et poivrons avec polenta

La méthode de cuisson de la polenta au micro-ondes élimine le brassage constant nécessaire lors de la préparation de la polenta sur la cuisinière. Vous pouvez également le préparer dans une mijoteuse.

pour 4 personnes

225 g de steak de jambon coupé en dés
400 g de tomates hachées en conserve
½ poivron vert, haché
½ poivron rouge, haché
½ poivron jaune, haché
1 oignon, haché
1 gousse d'ail, écrasée
1 feuille de laurier
1-1½ cuillères à café d'assaisonnement aux herbes italiennes séchées
sel et poivre noir fraîchement moulu, au goût
polenta au micro-ondes
2 cuillères à soupe de parmesan fraîchement râpé

Mélanger tous les ingrédients sauf le sel, le poivre, la polenta au micro-ondes et le parmesan dans la mijoteuse. Couvrir et cuire à pleine puissance pendant 4 à 5 heures. Jetez la feuille de laurier. Saupoudrez de sel et de poivre. Servir sur de la polenta au micro-ondes et saupoudrer de parmesan.

Saucisse fumée aux haricots

Servez cette copieuse cocotte d'hiver avec du pain au babeurre chaud sur des nouilles ou du riz.

pour 8 personnes

450 g de saucisson fumé, tranché (2 cm)
2 boîtes de 400 g de haricots rouges égouttés et rincés
400 g de haricots cannellini, égouttés et rincés
2 boîtes de 400g de tomates concassées
120 ml d'eau
3 oignons, hachés
½ poivron vert, haché
2 gousses d'ail, écrasées
½ cuillère à café de thym séché
½ cuillère à café de sauge
1 feuille de laurier
sel et poivre noir fraîchement moulu, au goût

Mélanger tous les ingrédients sauf le sel et le poivre dans une mijoteuse de 5,5 pintes/9½ pintes. Couvrir et cuire à pleine puissance pendant 4 à 5 heures. Jetez la feuille de laurier. Saupoudrez de sel et de poivre.

Courgettes aux saucisses fumées

La saucisse fumée ajoute une grande saveur à cette cocotte épaisse remplie de légumes.

pour 4 personnes

225 g de saucisson fumé, tranché (2 cm)
400 g de tomates en conserve
120 ml de bouillon de bœuf
700 g de potiron ou autre courge d'hiver, pelé, épépiné et coupé en dés (2 cm)
1 oignon, coupé en fines tranches
100 g de petits pois surgelés, décongelés
sel et poivre noir fraîchement moulu, au goût
175 g de riz brun, cuit, chaud (facultatif)

Mélangez tous les ingrédients sauf les pois, le sel, le poivre et le riz dans la mijoteuse. Couvrir et cuire à feu vif pendant 4 à 6 heures en ajoutant les petits pois dans les 20 dernières minutes. Saupoudrez de sel et de poivre. Servir sur du riz brun, si désiré.

Risotto Saucisse et Légumes

Vous pouvez utiliser des saucisses sans viande pour préparer ce risotto végétarien.

pour 4 personnes

750 ml/1¼ pinte de bouillon de légumes
1 petit oignon, haché
3 gousses d'ail écrasées
75 g/3 oz de champignons de Paris ou de Paris, tranchés
1 cuillère à café de romarin séché
1 cuillère à café de thym séché
350 g de riz arborio
175 g de potiron coupé en dés
100 g de saucisse italienne cuite
25 g de parmesan fraîchement râpé
sel et poivre noir fraîchement moulu, au goût

Faites chauffer le bouillon dans une petite casserole jusqu'à ébullition. Verser dans la mijoteuse. Ajouter les autres ingrédients sauf le parmesan, le sel et le poivre. Couvrir et cuire à feu vif jusqu'à ce que le riz soit al dente et que le liquide soit presque absorbé, environ 1 heure (surveillez bien pour éviter de trop cuire le riz). Ajoutez le fromage. Saupoudrez de sel et de poivre.

Lasagne aux saucisses

Lorsque vous retirez les lasagnes de la mijoteuse, vous remarquerez peut-être que le centre est légèrement enfoncé. Il deviendra plus homogène en refroidissant.

Prestation 6

700 g de sauce tomate et basilic toute prête
8 feuilles de lasagnes crues
550 g de ricotta
275 g de Mozzarella râpée
25g de champignons émincés sautés
25 g de saucisses italiennes cuites et émiettées
1 oeuf
1 cuillère à café de basilic séché
25 g de parmesan fraîchement râpé

Étalez 75 g de sauce au fond d'un moule à pain de 23 x 13 cm/9 x 5 cm. Garnir d'1 feuille de lasagne et de 75 g/3 oz de Ricotta et 40 g/1½ oz de Mozzarella. Ajoutez ensuite la moitié des champignons et la moitié des saucisses. Répétez les couches, en terminant avec 75 g/3 oz de sauce sur le dessus. Saupoudrer de parmesan. Placer la rôtissoire sur la grille dans la mijoteuse de 5,5 pintes/9½ pintes. Couvrir et laisser cuire à feu doux pendant 4 heures. Retirer le moule et laisser refroidir sur une grille pendant 10 minutes.

Ragoût d'agneau irlandais

Cette simple cocotte assaisonnée est un plat de bienvenue lors des froides soirées d'hiver.

Prestation 6

700 g de ragoût d'agneau maigre, coupé en dés
450 ml de bouillon de poulet
2 oignons, tranchés
6 pommes de terre, coupées en quartiers
6 carottes, tranchées épaisses
½ cuillère à café de thym séché
1 feuille de laurier
50 g de petits pois surgelés, décongelés
2 cuillères à soupe de fécule de maïs
50 ml d'eau froide
1-1½ cuillères à café de sauce Worcestershire
sel et poivre noir fraîchement moulu, au goût

Dans la mijoteuse, mélanger tous les ingrédients sauf les pois, la fécule de maïs, l'eau, la sauce Worcestershire, le sel et le poivre. Couvrir et cuire à feu doux pendant 6 à 8 heures. Ajouter les petits pois, augmenter le feu et cuire 10 minutes. Ajouter la semoule de maïs et l'eau combinées en remuant pendant 2 à 3 minutes. Jetez la feuille de laurier. Assaisonner avec la sauce Worcestershire, sel et poivre.

Agneau au romarin et patates douces

L'association du romarin et de l'agneau est classique, différente et délicieuse.

pour 4 personnes

450 g de gigot d'agneau désossé, nettoyé, coupé en dés (2 cm)
375 ml de bouillon
450 g de patates douces pelées et coupées en cubes (2 cm)
200 g de haricots verts, coupés en petits morceaux
1 gros oignon, coupé en fines tranches
1 cuillère à café de romarin séché
2 feuilles de laurier
1-2 cuillères à soupe de fécule de maïs
50 ml d'eau froide
sel et poivre noir fraîchement moulu, au goût

Mélanger tous les ingrédients sauf la fécule de maïs, l'eau, le sel et le poivre dans la mijoteuse. Couvrir et cuire à feu doux pendant 6 à 8 heures. Allumez le feu et laissez cuire 10 minutes. Ajouter la semoule de maïs et l'eau combinées en remuant pendant 2 à 3 minutes. Jetez les feuilles de laurier. Saupoudrez de sel et de poivre.

Agneau aux haricots blancs et saucisses

Les fèves au lard cuisent à la perfection dans la mijoteuse – pas besoin de les tremper ou de les précuire !

Prestation 6

450 g de gigot d'agneau désossé, coupé en cubes (2,5 cm)
225 g de haricots verts secs, cannellonis ou haricots beurre
450 ml de bouillon de poulet
120 ml/4 fl oz de vin blanc sec ou un supplément de bouillon de poulet
225 g de saucisse fumée, tranchée (2,5 cm)
2 oignons, hachés
3 carottes, tranchées épaisses
1 gousse d'ail, écrasée
¾ cuillère à café de romarin séché
¾ cuillère à café de thym séché
1 feuille de laurier
400 g de tomates hachées en conserve
sel et poivre noir fraîchement moulu

Mélangez tous les ingrédients sauf les tomates, le sel et le poivre dans une mijoteuse de 5,5 pintes/9½ pintes. Couvrir et cuire à feu doux pendant 7 à 8 heures jusqu'à ce que les haricots soient tendres, en ajoutant les tomates dans les 30 dernières minutes. Jetez la feuille de laurier. Saupoudrez de sel et de poivre.

Jarret d'agneau aux lentilles

Savourez cette combinaison riche et délicieuse.

Prestation 6

900 g de jarret d'agneau sans gras
375 ml de bouillon de poulet
400 g de tomates hachées en conserve
75 g de lentilles brunes sèches
1 carotte, tranchée
½ poivron vert, haché
4 oignons, hachés
2 gousses d'ail, écrasées
2 feuilles de laurier
2 cuillères à café de thym séché
¼ cuillère à café de cannelle moulue
¼ cuillère à café de clous de girofle moulus
sel et poivre noir fraîchement moulu
65 g de riz brun, cuit, tiède

Mélangez tous les ingrédients sauf le sel, le poivre et le riz dans une mijoteuse de 5,5 pintes/9½ pintes. Couvrir et cuire à feu doux pendant 6 à 8 heures. Jetez les feuilles de laurier. Retirez les jarrets d'agneau. Retirez la viande maigre et coupez-la en petits morceaux. Remettez le bœuf dans la mijoteuse et assaisonnez de sel et de poivre. Servir sur du riz.

agneau au poivre

Ce plat peut également être réalisé avec 1 ou 2 poivrons verts frais si vous le souhaitez. Il est également excellent avec le rosbif et la sauce.

pour 4 personnes

450 g d'épaule d'agneau désossée, parée et coupée en dés (2 cm)

2 boîtes de 400g de tomates concassées

120 ml de bouillon de poulet

100 g de poivron vert doux, haché en boîte ou au goût

175 g de pommes de terre coupées en dés

175 g de courgettes jaunes ou vertes ou de courgettes sautées, coupées en dés

2 oignons, tranchés

50 g de maïs sucré, décongelé s'il est congelé

1 petit jalapeño ou autre piment moyen, haché

4 gousses d'ail, écrasées

1½ cuillères à café d'assaisonnement aux herbes italiennes séchées

2 cuillères à soupe de fécule de maïs

50 ml d'eau froide

sel et poivre noir fraîchement moulu

Mélanger tous les ingrédients sauf la fécule de maïs, l'eau, le sel et le poivre dans la mijoteuse. Couvrir et cuire à feu doux pendant 6 à 8 heures. Allumez le feu et laissez cuire 10 minutes. Ajouter la semoule de maïs et l'eau combinées en remuant pendant 2 à 3 minutes. Saupoudrez de sel et de poivre.

agneau marocain

Les raisins secs, les amandes et les œufs durs apportent une garniture colorée à ce plat.

pour 8 personnes

900 g de gigot d'agneau maigre désossé, coupé en cubes (2 cm)
250 ml de bouillon de poulet
3 oignons, hachés
275 g de tomates hachées
2 grosses gousses d'ail écrasées
2 cm/¾ de racine de gingembre frais hachée, finement râpée
½ cuillère à café de cannelle moulue
¼ cuillère à café de curcuma moulu
1 feuille de laurier
50 g de raisins secs
sel et poivre noir fraîchement moulu
25 g d'amandes entières blanchies et torréfiées
2 œufs durs, hachés
coriandre fraîche hachée pour la garniture
275 g de couscous ou de riz, cuit, chaud

Mélanger tous les ingrédients sauf les raisins secs, le sel, le poivre, les amandes, les œufs, la coriandre fraîche et le couscous dans une mijoteuse de 5,5 litres. Couvrir et cuire à feu doux pendant 6 à 8 heures, en ajoutant les raisins secs pendant les 30 dernières minutes. Jeter la feuille de laurier et assaisonner de sel et de poivre. Disposez la cocotte sur une assiette de service et saupoudrez d'amandes, d'œufs durs et de coriandre fraîche. Servir sur du couscous ou du riz.

Agneau et Navet à la Coriandre

Aromatisé au vin rouge, à la sauge fraîche et à la coriandre, servi sur du riz blanc ou brun.

pour 4 personnes

1 lb/450 g de gigot d'agneau désossé, paré, coupé en dés (2,5 cm/1 po)
250 ml de jus de tomate
120 ml/4 fl oz de vin rouge sec
350 g de pommes de terre hachées
275 g de feuilles de navet hachées
1 oignon, haché
3 grosses gousses d'ail écrasées
1 cuillère à soupe de sauge fraîche ou 1 cuillère à café de sauge séchée
sel et poivre noir fraîchement moulu
25 g de coriandre fraîche hachée

Mélangez tous les ingrédients sauf le sel, le poivre et la coriandre fraîche dans la mijoteuse. Couvrir et cuire à feu doux pendant 6 à 8 heures. Saupoudrez de sel et de poivre. Ajoutez de la coriandre fraîche.

Tajine d'agneau et légumes

Savourez les saveurs parfumées de la cuisine marocaine. Servir avec du pain pita chaud.

Prestation 6

450 g d'agneau ou de bœuf maigre, coupé en cubes
2 boîtes de 400g de tomates concassées
400 g de pois chiches en conserve, égouttés et rincés
200 g de haricots verts coupés en deux
175 g de potiron haché
150 g de feuilles de navet, hachées
1 oignon, haché
1 branche de céleri, tranchée
1 carotte, tranchée
1 cm/½ morceau de racine de gingembre frais, finement râpée
1 gousse d'ail, écrasée
1 bâton de cannelle
2 cuillères à café de poivron rouge
2 cuillères à café de cumin moulu
2 cuillères à café de coriandre moulue
175 g de pruneaux dénoyautés
40 g de petites olives noires dénoyautées
sel et poivre noir fraîchement moulu
250 g de couscous, cuit, tiède

Mélangez tous les ingrédients sauf les pruneaux, les olives, le sel, le poivre et le couscous dans une mijoteuse de 5,5 litres. Couvrir et cuire à feu doux pendant 6 à 8 heures, en ajoutant les pruneaux et les olives pendant les 30 dernières minutes. Saupoudrez de sel et de poivre. Servir sur du couscous.

agneau de Marrakech

Si vous le souhaitez, vous pouvez remplacer les haricots secs par trois boîtes de 400 g de haricots blancs ou cannellini.

pour 8 personnes

900 g/2 lb de gigot d'agneau maigre désossé, en cubes (2,5 cm/1 po)
750 ml/1¼ pinte de bouillon de poulet
100 g de haricots blancs séchés ou cannellini
100 g/4 oz de champignons portabella ou à calotte brune, hachés grossièrement
1 carotte, tranchée
1 oignon, tranché
3 grosses gousses d'ail écrasées
1 cuillère à café de cumin moulu
1 cuillère à café de thym séché
2 feuilles de laurier
1 gros poivron rouge rôti, tranché, en boîte
225 g de pousses d'épinards
120 ml de vin blanc sec
2 cuillères à soupe de fécule de maïs
sel et poivre noir fraîchement moulu, au goût
275 g de couscous ou de riz, cuit, chaud

Mélanger tous les ingrédients sauf les poivrons rôtis, les épinards, le vin, la fécule de maïs, le sel, le poivre et le couscous dans une mijoteuse de 5,5 litres. Couvrir et cuire à feu doux pendant 7 à 8 heures jusqu'à ce que les haricots soient tendres. Ajoutez les poivrons rôtis et les épinards, augmentez le feu et laissez cuire 10 minutes. Ajouter le vin et la fécule de maïs combinés, remuer jusqu'à épaississement, 2 à 3 minutes. Jetez les feuilles de laurier. Saupoudrez de sel et de poivre. Servir sur du couscous ou du riz.

agneau biriani

Ce plat indien traditionnel de viande et de riz peut également être préparé avec du poulet ou du bœuf.

pour 4 personnes

450 g de gigot d'agneau maigre désossé, coupé en cubes (2 cm)
250 ml de bouillon de poulet
4 oignons, hachés
1 gousse d'ail, écrasée
1 cuillère à café de coriandre moulue
1 cuillère à café de gingembre moulu
½ cuillère à café de poivre moulu
¼ cuillère à café de cannelle moulue
¼ cuillère à café de clous de girofle moulus
175 ml de yaourt nature
1 cuillère à soupe de fécule de maïs
sel et poivre noir fraîchement moulu, au goût
175 g de riz basmati ou au jasmin, cuit, chaud

Mélangez tous les ingrédients sauf le yaourt, la fécule de maïs, le sel, le poivre et le riz dans la mijoteuse. Couvrir et cuire à feu doux pendant 6 à 8 heures. Ajoutez le yaourt et la fécule de maïs combinés en remuant pendant 2-3 minutes. Saupoudrez de sel et de poivre. Servir sur du riz.

goulasch aux deux viandes

La combinaison de graines de cumin et de fenouil fait ressortir le goût traditionnel du poivron rouge dans ce goulasch unique.

pour 8 personnes

450 g de filet de bœuf maigre ou frit, coupé en cubes (2 cm)
450 g de longe de porc maigre, coupée en dés (2 cm)
120 ml de bouillon de bœuf
400 g de tomates hachées en conserve
2 cuillères à soupe de purée de tomates
100 g de petits champignons, coupés en deux
3 oignons, hachés
2 gousses d'ail, écrasées
2 cuillères à soupe de poivron rouge
½ cuillère à café de graines de cumin moulues
½ cuillère à café de graines de fenouil moulues
2 feuilles de laurier
120 ml de crème sure
2 cuillères à soupe de fécule de maïs
sel et poivre noir fraîchement moulu, au goût
450 g de nouilles cuites, chaudes

Dans la mijoteuse, mélanger tous les ingrédients sauf la crème sure, la fécule de maïs, le sel, le poivre et les nouilles. Couvrir et cuire à feu doux pendant 6 à 8 heures. Ajouter la crème sure et la fécule de maïs combinées en remuant pendant 2 à 3 minutes. Jetez les feuilles de laurier. Saupoudrez de sel et de poivre. Servir sur des nouilles.

Porc et poulet aux doubles champignons

Quelques champignons shiitake ajoutent une saveur distinctive et savoureuse qui rehausse cette cocotte de porc, de poulet et de champignons.

Prestation 6

120 ml/4 onces d'eau bouillante
3 champignons shiitake séchés
350 g de longe de porc désossée, coupée en cubes (2 cm)
350 g de filet de poitrine de poulet, coupé en cubes (2 cm)
120 ml de vin blanc sec
120 ml de bouillon de poulet
100 g/4 oz de petits chapeaux bruns ou de champignons de Paris blancs, coupés en deux
2 oignons, hachés
1/2 cuillère à café de graines de fenouil, légèrement écrasées
sel et poivre noir fraîchement moulu, au goût
225 g de riz brun ou blanc, cuit, chaud

Versez de l'eau bouillante sur les champignons séchés dans un petit bol. Laisser reposer jusqu'à ce que les champignons ramollissent, 5 à 10 minutes. Égoutter, réserver le liquide. Filtrez le liquide. Coupez les champignons en fines lanières, jetez le noyau dur.

Dans la mijoteuse, mélanger les champignons séchés, le liquide réservé et le reste des ingrédients sauf le sel, le poivre et le riz. Couvrir et cuire à feu doux pendant 6 à 8 heures. Saupoudrez de sel et de poivre. Servir sur du riz.

Ragoût carélien

Le piment de la Jamaïque parfume subtilement le bœuf, le porc et l'agneau dans ce plat finlandais. Servir sur du riz cuit ou des nouilles, si désiré.

pour 12 personnes

450 g/1 lb de filet ou de steak poêlé, en cubes (2,5 cm/1 po)
450 g/1 lb d'agneau maigre, en cubes (2,5 cm/1 po)
450 g/1 lb de longe de porc, en cubes (2,5 cm/1 po)
450 ml de bouillon de bœuf
4 oignons, tranchés finement
½ cuillère à café de piment de la Jamaïque moulu
2 feuilles de laurier
sel et poivre noir fraîchement moulu, au goût
15 g de persil finement haché

Mélangez tous les ingrédients sauf le sel, le poivre et le persil dans une mijoteuse de 5,5 litres. Couvrir et cuire à feu doux pendant 6 à 8 heures. Jetez les feuilles de laurier. Assaisonner selon votre goût avec du sel et du poivre et ajouter le persil.

Agneau et Bœuf au Cognac

Les saveurs de deux viandes, le vin et le cognac, se mélangent de manière unique dans cette assiette élégante.

Prestation 6

450 g de filet de bœuf ou de rôti de bœuf, coupé en cubes (2 cm)
450 g de gigot d'agneau coupé en cubes (2 cm)
120 ml de bouillon de bœuf
120 ml/4 fl oz de vin blanc sec ou de bouillon
3 cuillères à soupe de Cognac
450 g de mini carottes
½ cuillère à café de cannelle moulue
¼ cuillère à café de macis moulu
225 g d'oignons verts ou d'échalotes
350 g de petits fleurons de brocoli
sel et poivre noir fraîchement moulu, au goût

Dans la mijoteuse, mélanger tous les ingrédients sauf les oignons verts ou les échalotes, le brocoli, le sel et le poivre. Fermez le couvercle et laissez cuire pendant 6 à 8 heures, en ajoutant les oignons nouveaux au cours des 2 dernières heures et le brocoli au cours des 30 dernières minutes. Saupoudrez de sel et de poivre.

Goulasch de bœuf, de porc et de poulet

Les jus de trois types de viande, aromatisés au cumin et à l'aneth et mélangés à une sauce tomate crémeuse, créent un goût extraordinaire.

pour 8 personnes

350 g/12 oz de surlonge ou poêlé, coupé en cubes (2 cm/po)
350 g de longe de porc coupée en cubes (2 cm)
350 g de filet de poitrine de poulet, coupé en cubes (2 cm)
250 ml de bouillon de bœuf
50 ml de purée de tomates
3 grosses tomates hachées grossièrement
225 g de champignons tranchés
4 oignons nouveaux, tranchés finement
1 oignon, haché
1 cuillère à soupe de poivron rouge
¾ cuillère à café de graines de cumin, écrasées
½ cuillère à café d'aneth séché
175 ml de crème sure
3 cuillères à soupe de farine de maïs
sel et poivre noir fraîchement moulu, au goût
450 g de nouilles cuites, chaudes

Mélangez tous les ingrédients sauf la crème sure, la fécule de maïs, le sel, le poivre et les nouilles dans une mijoteuse de 5,5 litres. Couvrir et cuire à feu doux pendant 6 à 8 heures. Ajouter la crème sure et la fécule de maïs combinées, en remuant jusqu'à épaississement, 2 à 3 minutes. Saupoudrez de sel et de poivre. Servir sur des nouilles.

risotto au poulet

Vous devez utiliser du fromage Asiago assaisonné pour le râper. Il ressemble beaucoup au parmesan et à la romaine, vous pouvez utiliser l'un ou l'autre si c'est plus pratique.

pour 4 personnes

750 ml/1¼ pinte de bouillon de légumes
1 petit oignon, haché
3 gousses d'ail écrasées
1 tomate, hachée
350 g de riz arborio
1 cuillère à café de marjolaine séchée
200 g de poitrine de poulet cuite hachée
225 g/8 oz de petits pois surgelés, décongelés
50 g de fromage Asiago fraîchement râpé
sel et poivre noir fraîchement moulu, au goût

Faites chauffer le bouillon dans une petite casserole jusqu'à ébullition. Verser dans la mijoteuse. Ajouter le reste des ingrédients sauf le poulet, les pois, le fromage Asiago, le sel et le poivre. Couvrir et cuire à feu vif jusqu'à ce que le riz soit al dente et que le liquide soit presque absorbé, environ 1 heure et quart, en ajoutant le poulet et les petits pois dans les 15 dernières minutes (surveillez attentivement si le riz est trop cuit). Ajoutez le fromage. Saupoudrez de sel et de poivre.

Poulet frit avec sauce aux canneberges et à l'orange

L'utilisation d'un thermomètre à viande garantit que le poulet est bien cuit et tendre pour une coupe parfaite. La recette des canneberges et de l'orange fait un gros lot.

Prestation 6

1 poulet entier, environ 1,5 kg/3 lb
Poivron rouge
sel et poivre noir fraîchement moulu, au goût
120 ml de bouillon de poulet
¼ quantité d'arôme de canneberge et d'orange

Fabriquez des poignées en aluminium et placez-les dans la mijoteuse. Saupoudrez légèrement le poulet de paprika, de sel et de poivre. Insérez un thermomètre à viande avec la pointe dans la partie la plus épaisse de l'intérieur de la cuisse et sans toucher l'os. Placez le poulet dans la mijoteuse. Ajoutez le bouillon. Couvrir et cuire à feu doux jusqu'à ce que le thermomètre indique 80 ºC, 4 à 5 heures. Retirer le poulet à l'aide des poignées en aluminium. Placer sur un plat de service et couvrir légèrement de papier d'aluminium. Réservez le bouillon pour la soupe ou un autre usage. Servir le poulet avec la sauce aux canneberges et à l'orange.

saveur de myrtille et d'orange

Cela se conserve bien au réfrigérateur pendant quelques semaines.

pour 18 personnes

5 grosses oranges
250 ml d'eau
700 g de sucre semoule
350 g de canneberges
50 g de noix hachées grossièrement

Râpez le zeste de 3 oranges. Réservé. Épluchez les oranges et coupez-les en tranches. Mélangez tous les ingrédients dans la mijoteuse. Couvrir et cuire à feu doux pendant 6 à 7 heures. Si une consistance plus épaisse est souhaitée, elle est cuite à découvert jusqu'à ce qu'elle épaississe.

vraie purée de pommes de terre

Riche et moelleuse – une purée de pommes de terre comme vous n'en avez probablement jamais goûtée auparavant !

Prestation 6

900 g de pommes de terre farineuses, pelées et cuites, chaudes
75 ml de lait demi-écrémé
75 ml de crème sure
2 cuillères à soupe de beurre ou de margarine
sel et poivre noir fraîchement moulu, au goût

Écrasez ou battez les pommes de terre jusqu'à consistance lisse, ajoutez le lait, la crème sure et le beurre ou la margarine. Saupoudrez de sel et de poivre.

Poulet frit avec purée de pommes de terre et sauce

Associez ce poulet moelleux et parfaitement cuit à du brocoli cuit à la vapeur, des carottes et des pommes de terre à la crème.

Prestation 6

1 poulet entier, environ 1,5 kg/3 lb

Poivron rouge

sel et poivre noir fraîchement moulu, au goût

120 ml/4 fl oz de bouillon de poulet ou d'eau

25g de farine 00

120 ml d'eau

Purée de pommes de terre (voir ci-dessus)

Fabriquez des poignées en aluminium et placez-les dans la mijoteuse. Saupoudrez légèrement le poulet de paprika, de sel et de poivre. Insérez un thermomètre à viande avec la pointe dans la partie la plus épaisse de l'intérieur de la cuisse et sans toucher l'os. Placez le poulet dans la mijoteuse. Ajoutez le bouillon. Couvrir et cuire à feu doux jusqu'à ce que le thermomètre indique 80 ºC, 4 à 5 heures. Retirer le poulet à l'aide des poignées en aluminium. Placer sur un plat de service et couvrir légèrement de papier d'aluminium.

Versez le bouillon dans une tasse à mesurer. Verser l'huile. Versez 450 ml de bouillon dans une casserole et portez à ébullition. Fouetter le mélange de farine et d'eau en remuant jusqu'à épaississement, environ 1 minute. Saupoudrez de sel et de poivre. Servir le poulet avec de la purée de pommes de terre et de la sauce.

Poulet vert thaï et curry de haricots

Les pâtes de curry thaïlandais en pot sont un ajout très utile à votre garde-manger, ce qui en fait une délicieuse recette de Carolyn Humphries.

pour 4 personnes

une poignée d'oignons nouveaux hachés surgelés ou 1 oignon nouveau ou 4 oignons nouveaux hachés
10 ml/2 cuillères à café de beurre ramolli
450 g de viande de poulet coupée en dés
200 g de haricots verts surgelés, coupés en petits morceaux
400 g de lait de coco en boîte
45 ml/3 cuillères à soupe de pâte de curry vert thaïlandais
5 ml/1 cuillère à café de citronnelle en pot
1 cuillère à soupe de sauce de poisson thaïlandaise
sel et poivre noir fraîchement moulu
riz ou nouilles aux œufs pour servir
un peu de ciboulette séchée pour la décoration

Dans la mijoteuse, mélanger l'oignon avec le beurre. Ajouter le poulet et les haricots et tartiner. Mélangez le lait de coco avec la pâte de curry, la citronnelle et la sauce de poisson. Versez dessus le poulet et les haricots. Couvrir et cuire à puissance élevée pendant 3 heures ou à basse température pendant 6 heures jusqu'à ce qu'ils soient vraiment tendres. Goûtez et assaisonnez si nécessaire. Servir avec une cuillerée de riz ou de nouilles aux œufs et saupoudrer de ciboulette séchée.

Poitrine de poulet aux légumes épicés

L'orange, le romarin et le fenouil accentuent cette tendre poitrine de poulet.

pour 4 personnes

4 filets de poitrine de poulet sans peau, d'environ 175 g chacun

12 mini carottes

8 petites pommes de terre molles, coupées en quartiers

225 g de champignons blancs ou bruns, coupés en quartiers

3 gousses d'ail, tranchées finement

1 à 2 cuillères à café de zeste d'orange râpé

1 cuillère à café de graines de fenouil hachées

1 cuillère à café de romarin séché

1 feuille de laurier

120 ml/4 fl oz de bouillon de poulet ou de jus d'orange

120 ml/4 fl oz de vin blanc sec ou un supplément de bouillon de poulet

2 cuillères à soupe de liqueur d'orange (facultatif)

1 cuillère à soupe de fécule de maïs

2 cuillères à soupe d'eau

sel et poivre noir fraîchement moulu, au goût

Placez tous les ingrédients sauf la fécule de maïs, l'eau, le sel et le poivre dans la mijoteuse. Couvrir et cuire à feu doux pendant 6 à 8 heures.

Disposez le poulet et les légumes sur un plat de service et réservez au chaud. Mesurez 450 ml de bouillon dans une petite casserole. Fouetter la semoule de maïs et l'eau combinées jusqu'à épaississement, environ 1 minute. Saupoudrez de sel et de poivre. Servir la sauce sur les légumes et la poitrine de poulet.

poulet au xérès

Un plat délicieux pour des repas divertissants ou spéciaux en famille. Servir sur du riz aromatique pour s'imprégner des délicieux jus.

pour 4 personnes

50 ml de xérès sec

175 g de raisins secs

4 filets de poitrine de poulet sans peau, d'environ 175 g chacun

50 g de noix hachées grossièrement

1 pomme à tarte, pelée et hachée

1 petit oignon rouge, tranché

2 gousses d'ail, écrasées

250 ml de bouillon de poulet

sel et poivre noir fraîchement moulu, au goût

Versez le sherry sur les raisins secs dans un bol. Laissez reposer 15 à 30 minutes. Placer dans la mijoteuse avec tous les autres ingrédients sauf le sel et le poivre. Couvrir et cuire à pleine puissance ou jusqu'à ce que le poulet soit tendre, 3 à 4 heures. Saupoudrez de sel et de poivre.

Poulet Salé et Riz

C'est une excellente façon d'utiliser du poulet précuit ou des restes, ainsi que du porc ou du bœuf, suggère Catherine Atkinson.

pour 4 personnes

4 oignons nouveaux, tranchés
200 g de tomates en dés en conserve
175 ml/6 fl oz de bouillon de poulet ou de légumes chaud
½ poivron rouge épépiné et haché, ou 50 g de poivrons mélangés tranchés décongelés surgelés
une pincée d'herbes mélangées séchées
75 g de riz à grains longs facile à cuire
sel et poivre noir fraîchement moulu
75 g/3 oz de poulet cuit haché grossièrement

Mettez les oignons nouveaux dans le pot en céramique. Versez les tomates puis l'eau dessus. Fermez le couvercle et tournez la mijoteuse sur High. Laissez reposer quelques minutes pendant que vous mesurez et préparez le reste des ingrédients. Incorporer le poivron haché et les herbes, puis saupoudrer de riz. Assaisonner de sel et de poivre et mélanger à nouveau. Couvrir et cuire pendant 50 à 60 minutes ou jusqu'à ce que le riz soit tendre et ait absorbé la majeure partie du liquide. Ajouter le poulet et cuire encore 10 minutes pour bien réchauffer le poulet avant de servir.

poulet méditerranéen

Les poitrines de poulet sont garnies de fenouil, de courgettes et d'olives dans une sauce à base de tomates.

pour 4 personnes

4 filets de poitrine de poulet sans peau, d'environ 175 g chacun

400 g de tomates hachées en conserve

120 ml de bouillon de poulet

120 ml/4 fl oz de vin blanc sec ou un supplément de bouillon de poulet

1 courgette, tranchée

2 petits oignons, hachés

1 fenouil, tranché

1 cuillère à café de thym séché

1 feuille de laurier

40 g d'olives Kalamata dénoyautées, tranchées

1-2 cuillères à café de jus de citron

sel et poivre noir fraîchement moulu, au goût

75 g de riz cuit, chaud

Placez tous les ingrédients sauf les olives, le jus de citron, le sel, le poivre et le riz dans la mijoteuse. Couvrir et cuire à feu doux pendant 6 à 8 heures, en ajoutant les olives dans les 30 dernières minutes. Assaisonner avec du jus de citron, du sel et du poivre.

Jetez la feuille de laurier. Servir le mélange de poulet et de tomates sur du riz.

Poulet indonésien aux courgettes

Le lait de coco, la racine de gingembre frais, l'ail, la coriandre fraîche et le cumin constituent une sauce parfumée pour le poulet.

Prestation 6

3 grosses poitrines de poulet sans peau, de 175 à 225 g chacune, coupées en deux

Lait de coco 400g/14oz

50 ml d'eau

50 ml de jus de citron

1 oignon, finement haché

1 gousse d'ail, écrasée

7,5 cm/3 pouces de racine de gingembre frais, finement râpée ou 2 cuillères à café de gingembre moulu

2 cuillères à café de coriandre moulue

1 cuillère à café de cumin moulu

450 g de courgettes coupées en deux dans le sens de la longueur, épépinées et tranchées

1 cuillère à soupe de fécule de maïs

2 cuillères à soupe d'eau

15 g de coriandre fraîche hachée

sel et poivre noir fraîchement moulu, au goût

100 g de riz, cuit, chaud

Placez tous les ingrédients sauf les courgettes, la fécule de maïs, 2 cuillères à soupe d'eau, la coriandre fraîche, le sel, le poivre et le riz dans la mijoteuse. Couvrir et cuire à feu doux pendant 3½ à 4 heures, en ajoutant les courgettes pendant les 30 dernières minutes. Retirer les poitrines de poulet et réserver au chaud. Allumez le feu et laissez cuire 10 minutes. Ajoutez la semoule de maïs combinée et 2 cuillères à soupe d'eau en remuant pendant 2 à 3 minutes. Ajoutez de la coriandre fraîche. Saupoudrez de sel et de poivre. Servez le poulet et placez le riz dans des bols peu profonds.

Poitrine de poulet aux figues

Des figues et du jus d'orange, enrichis de sauce soja et xérès, complètent la tendre poitrine de poulet.

pour 4 personnes

4 filets de poitrine de poulet sans peau (environ 175 g chacun)
8 figues séchées, coupées en quartiers
2 cuillères à soupe de sauce soja
2 cuillères à soupe de xérès sec
175 ml de jus d'orange
Le zeste râpé d'1 orange
2 cuillères à soupe de fécule de maïs
2 cuillères à soupe d'eau
2 cuillères à soupe de miel
sel et poivre noir fraîchement moulu, au goût
75 g de riz cuit, chaud

Placez tous les ingrédients sauf la fécule de maïs, l'eau, le miel, le sel, le poivre et le riz dans la mijoteuse. Couvrir et cuire à pleine puissance pendant 4 à 6 heures. Retirer le poulet et réserver au chaud. Allumez le feu et laissez cuire 10 minutes. Ajouter la farine de maïs, l'eau et le miel en remuant pendant 2-3 minutes.

Saupoudrez de sel et de poivre. Servir la poitrine de poulet et la sauce sur du riz.

Plat de poulet avec sauce

La sauce taupe facile est préparée à partir de haricots chili en conserve.

pour 4 personnes

Sauce taupe (voir ci-dessous)
4 filets de poitrine de poulet sans peau, d'environ 100 g chacun
175 g de riz, cuit, chaud
coriandre fraîche hachée pour la garniture
120 ml de crème sure

Versez la moitié de la sauce taupe dans la mijoteuse. Garnir de poitrines de poulet et du reste de la sauce. Couvrir et cuire à feu doux pendant 4 à 6 heures. Verser sur le riz. Saupoudrer généreusement de coriandre fraîche et servir avec de la crème sure.

sauce taupe

Cette recette est jugée adaptée aux végétariens, mais assurez-vous d'utiliser de la sauce Worcestershire végétarienne si cela est important pour vous (certaines ne le sont pas).

pour 4 personnes

400 g de haricots rouges avec sauce au piment fort et liqueur
1 oignon, haché grossièrement
2 gousses d'ail
50 g de sauce tomate prête
1 cuillère à soupe de sauce Worcestershire
½ cuillère à café de cannelle moulue
15 g de chocolat noir finement haché
25 g d'amandes effilées

Passer tous les ingrédients au robot culinaire jusqu'à consistance lisse.

Canapé au poulet

Poitrine de poulet et brocoli cuits dans une délicieuse sauce.

Prestation 6

Divan à sauce (voir ci-dessous)
6 filets de poitrine de poulet sans peau, d'environ 4 oz/100 g chacun, coupés en deux
500 g de fleurons de brocoli et de tiges tranchées
100 g de riz brun, cuit, chaud
parmesan fraîchement râpé et poivron rouge pour garnir

Versez un tiers de la Sauce Divan dans la mijoteuse. Couvrir de poulet et du reste de sauce. Couvrir et cuire à feu doux pendant 4 à 5 heures en remuant le brocoli pendant les 30 dernières minutes. Verser sur le riz. Saupoudrer de parmesan et de paprika.

canapé salsa

Sauce riche au goût de xérès.

POUR 600ML/1PINTE

3 cuillères à soupe de beurre ou de margarine
25g de farine 00
600 ml/1 litre de crème ou de lait entier
50 ml de xérès sec
sel et poivre noir fraîchement moulu, au goût

Faire fondre le beurre ou la margarine dans une poêle de taille moyenne. Ajouter la farine et cuire 1 à 2 minutes. Incorporer la crème ou le lait et faire bouillir en remuant jusqu'à épaississement, environ 1 minute. Incorporer dans la bande. Saupoudrez de sel et de poivre.

Casserole de poulet facile

Ce plat peut être facilement préparé en utilisant des ingrédients appropriés en conserve et surgelés.

pour 4 personnes

Boîte de 300 g/11 oz de soupe à la crème de poulet condensée
300 ml de lait demi-écrémé
250 ml d'eau
450 g de poitrine de poulet désossée et sans peau, coupée en cubes (2 cm)
2 oignons, tranchés
275 g/10 oz de légumes mélangés surgelés, décongelés
2 cuillères à soupe de fécule de maïs
50 ml d'eau
sel et poivre noir fraîchement moulu, au goût

Mélanger la soupe, le lait et l'eau dans la mijoteuse. Ajouter le poulet et l'oignon et mélanger. Couvrir et cuire à feu doux pendant 5 à 6 heures, en ajoutant le mélange de légumes au cours des 20 dernières minutes. Allumez le feu et laissez cuire 10 minutes. Ajouter la semoule de maïs et l'eau combinées en remuant pendant 2 à 3 minutes. Saupoudrez de sel et de poivre.

chili de poulet au poivron rouge

Simple et pleine de saveurs et de couleurs, vous pouvez également servir cette recette de Carolyn Humphries avec du riz, une purée de pommes de terre moelleuse ou du couscous.

pour 4 personnes

2 cuillères à soupe de fécule de maïs
sel et poivre noir fraîchement moulu
4 poitrines de poulet sans peau
2 poignées de poivrons mélangés surgelés tranchés ou 1 poivron rouge et 1 vert, tranchés
65g de poivre déjà tranché
400 g de tomates en dés en conserve
4 cuillères à soupe de vin blanc sec
1 cuillère à soupe de purée de tomates
5 ml/1 cuillère à café de sucre cristallisé
1,5 ml/¼ cuillère à café de piment rouge broyé séché ou piment rouge broyé en pot
5 ml/1 cuillère à café d'ail émincé en pot ou 1 gousse d'ail émincée
2,5 ml/½ cuillère à café de thym séché
2,5 ml/½ cuillère à café de piment de la Jamaïque
Nouilles en ruban et salade verte pour servir

Dans la mijoteuse, mélangez la fécule de maïs avec un peu de sel et de poivre. Ajouter le poulet et retourner pour bien l'enrober. Ajouter tous les autres ingrédients et bien mélanger. Couvrir et cuire à puissance élevée pendant 3 heures ou à basse température pendant 6 heures jusqu'à ce que le poulet soit vraiment tendre. Goûtez et réajustez si nécessaire. Servir sur des nouilles avec une salade verte croquante.

poulet du village

Cette cocotte épicée réchauffe à merveille lors d'une soirée d'automne ou d'hiver.

Prestation 6

700 g de filet de poitrine de poulet sans peau, coupé en cubes (2,5 cm)
250 ml de bouillon de poulet
175 g de purée de tomates
225 g de chou frisé, haché grossièrement
2 oignons, hachés
1 poivron vert, haché
2 grosses gousses d'ail écrasées
1 feuille de laurier
1 cuillère à soupe de jus de citron
1 cuillère à soupe de sauce Worcestershire
1 cuillère à soupe de sucre
2 cuillères à café de basilic séché
2 cuillères à café de moutarde de Dijon
3-4 gouttes de sauce Tabasco
sel et poivre noir fraîchement moulu, au goût
100 g de riz, cuit, chaud

Mélangez tous les ingrédients sauf le sel, le poivre et le riz dans la mijoteuse. Couvrir et cuire à feu doux pendant 6 à 8 heures. Jetez la feuille de laurier. Saupoudrez de sel et de poivre. Servir sur du riz.

Poulet aux haricots et pois chiches

Les pois chiches et les haricots en conserve se combinent au poulet dans une cocotte chaude et épicée.

pour 8 personnes

275 g de filet de poulet sans peau, coupé en dés
2 boîtes de 400 g de fèves au lard ou de porc et de haricots
400 g de pois chiches en conserve, égouttés et rincés
400 g de tomates hachées en conserve
1 gros oignon, haché
1 poivron rouge, haché
2 gousses d'ail, écrasées
2-3 cuillères à café de piment
¾ cuillère à café de thym séché
sel et poivre noir fraîchement moulu, au goût

Mélanger tous les ingrédients sauf le sel et le poivre dans la mijoteuse. Couvrir et cuire à pleine puissance pendant 4 à 5 heures. Saupoudrez de sel et de poivre.

Patates douces au poulet

Une cocotte à base de pommes de terre ou un accord pomme de terre-patate douce sont également délicieux.

pour 4 personnes

450 g de filet de poitrine de poulet sans peau, coupé en cubes (2,5 cm)

375 ml de bouillon de poulet

350 g de patates douces pelées et coupées en cubes (2 cm)

1 gros poivron vert, tranché

2-3 cuillères à café de piment

½ cuillère à café de poudre d'ail

2 cuillères à soupe de fécule de maïs

50 ml d'eau

sel et poivre noir fraîchement moulu, au goût

Mélanger tous les ingrédients sauf la fécule de maïs, l'eau, le sel et le poivre dans la mijoteuse. Couvrir et cuire à pleine puissance pendant 4 à 5 heures. Ajouter la semoule de maïs et l'eau combinées en remuant pendant 2 à 3 minutes. Saupoudrez de sel et de poivre.

Casserole de poulet et purée de pommes de terre

Une délicieuse purée de pommes de terre rehaussée de fromage garnit cette copieuse cocotte. Les pommes de terre peuvent être préparées un jour à l'avance et conservées couvertes au réfrigérateur.

pour 4 personnes

450 g de filet de poitrine de poulet sans peau, coupé en cubes (2 cm)
250 ml de bouillon de poulet
1 oignon, haché
2 petites carottes, tranchées
1 branche de céleri
75 g de champignons tranchés
½ cuillère à café de romarin séché
½ cuillère à café de thym séché
50 g/2 oz de petits pois surgelés, décongelés
1-2 cuillères à soupe de fécule de maïs
3-4 cuillères à soupe d'eau froide
sel et poivre noir fraîchement moulu, au goût
½ quantité de vraie purée de pommes de terre
1 jaune d'oeuf
50 g de fromage cheddar râpé
1 à 2 cuillères à soupe de beurre fondu ou de margarine

Mélanger le poulet, le bouillon, l'oignon, les carottes, le céleri, les champignons et les herbes dans la mijoteuse. Couvrir et cuire à feu doux pendant 6 à 8 heures. Ajouter les petits pois, augmenter le feu et cuire 10 minutes. Ajouter la semoule de maïs et l'eau combinées en remuant pendant 2 à 3 minutes. Saupoudrez de sel et de poivre.

Pendant que la cocotte cuit, préparez une véritable purée de pommes de terre en mélangeant les jaunes d'œufs et le fromage. Étalez le mélange de pommes de terre en quatre monticules sur une plaque à pâtisserie graissée et réfrigérez, à couvert, jusqu'à refroidissement, environ 30 minutes. Assaisonner les pommes de terre avec du beurre ou de la margarine. Cuire au four à 220°C/gaz 7/chaleur tournante à 200°C pendant environ 15 minutes jusqu'à ce qu'ils soient dorés. Garnir la cocotte de pommes de terre.

Poulet farci rôti lentement

Carolyn Humphries recommande de cuire le poulet dans un four très chaud pendant 30 minutes pour dorer la peau.

pour 4 personnes

Paquet de 85 g/3½oz de farce à la sauge et à l'oignon ou à la saucisse et au thym
une poignée de raisins secs
huile de tournesol pour la lubrification
1 poulet prêt au four, environ 1,5 kg/3 lb
5 ml/1 cuillère à café de sauce soja
300 ml de bouillon de poulet chaud
45 ml/3 cuillères à soupe de farine 00
45 ml/3 cuillères à soupe d'eau
sel et poivre noir fraîchement moulu

Préparez la garniture avec de l'eau bouillante comme indiqué sur l'emballage et incorporez les raisins secs. Utilisez-en un peu pour farcir le bout du cou de l'oiseau et fixez le lambeau de peau avec une brochette. Placer le reste de la garniture sur du papier ciré et plier en un paquet. Placez une feuille de papier d'aluminium double épaisseur dans la mijoteuse afin qu'elle recouvre les côtés de la poêle (pour permettre un retrait facile de la volaille après la cuisson).

Badigeonner le papier d'aluminium d'huile. Placer l'oiseau sur du papier d'aluminium dans la mijoteuse et badigeonner de sauce soja. Placez le sachet en aluminium au bout de la jambe. Versez de l'eau bouillante autour. Couvrir et cuire à feu vif pendant 2 à 3 heures ou à feu doux pendant 4 à 6 heures jusqu'à ce que l'oiseau soit bien cuit et que le jus soit clair lorsqu'il est piqué dans la partie la plus épaisse de la cuisse.

À l'aide de papier d'aluminium, soulevez l'oiseau du pot et transférez-le sur la plaque à pâtisserie (toujours sur le papier d'aluminium). Cuire au four préchauffé à 230°C/gaz 8/four ventilé à 210°C pendant 30 minutes jusqu'à ce qu'ils soient dorés et croustillants. Retirer du four et laisser reposer 10 minutes avant de découper. Pendant ce temps, mélangez la farine et l'eau dans une casserole. Mélanger l'eau de cuisson de la mijoteuse, porter à ébullition et cuire 2 minutes en remuant. Assaisonner au goût si nécessaire. Découpez l'oiseau et servez-le avec la sauce, la farce et vos garnitures habituelles.

poulet et champignons

Servez cette tarte épicée avec des tranches de pain chaud au parmesan.

pour 4 personnes

450 g de filet de poitrine de poulet sans peau, coupé en cubes (2 cm)

250 ml de bouillon de poulet

175 g de purée de tomates

1 cuillère à soupe de sauce Worcestershire

225 g de champignons tranchés grossièrement

1 gros oignon, haché

2 gousses d'ail, écrasées

2 grosses carottes, râpées grossièrement

1 feuille de laurier

1 cuillère à café d'assaisonnement aux herbes italiennes séchées

¼ cuillère à café de moutarde sèche en poudre

1-2 cuillères à soupe de fécule de maïs

2-4 cuillères à soupe d'eau

sel et poivre noir fraîchement moulu

225 g de spaghettis cuits, chauds

Dans la mijoteuse, mélanger tous les ingrédients sauf la fécule de maïs, l'eau, le sel, le poivre et les spaghettis. Couvrir et cuire à pleine puissance pendant 4 à 6 heures. Ajouter la semoule de maïs et l'eau combinées en remuant pendant 2 à 3 minutes. Jetez la feuille de laurier. Saupoudrez de sel et de poivre. Servir sur des spaghettis.

Poulet et champignons sauvages

Les champignons cultivés sauvages ou exotiques sont saisonniers, mais valent la peine d'être achetés lorsqu'ils sont disponibles pour préparer de tels plats.

pour 4 personnes

450 g de filet de poulet sans peau, coupé en dés
120 ml de bouillon de poulet
120 ml/4 fl oz de vin blanc sec ou un supplément de bouillon de poulet
225 g de champignons sauvages mélangés, hachés grossièrement
2 oignons nouveaux, tranchés finement
1 petit poireau (partie blanche seulement), tranché finement
1 cuillère à soupe de câpres égouttées
1-2 cuillères à soupe de fécule de maïs
2-4 cuillères à soupe d'eau
sel et poivre noir fraîchement moulu

75 g de riz brun, cuit, chaud

Mélanger tous les ingrédients sauf les câpres, la fécule de maïs, l'eau, le sel, le poivre et le riz dans la mijoteuse. Couvrir et cuire à feu doux pendant 6 à 8 heures. Ajouter les câpres, augmenter le feu et cuire 10 minutes. Ajouter la semoule de maïs et l'eau combinées en remuant pendant 2 à 3 minutes. Saupoudrez de sel et de poivre. Servir sur du riz.

poulet au citron

Le jus de citron frais et le poivre de Cayenne sont des accents de saveur dans ce délicieux plat.

Prestation 6

450 g de filet de poulet sans peau, coupé en dés
2 boîtes de 400g de tomates concassées
1 jalapeño ou autre piment fort, finement haché
2 gousses d'ail, écrasées
1 cuillère à café de granulés de bouillon de poulet instantané ou un cube de bouillon de poulet
2 cuillères à café de basilic séché
350 g de fleurons de brocoli
50 à 75 ml de jus de citron
sel et poivre noir fraîchement moulu
350 g/12 oz de pâtes ou nouilles aux cheveux d'ange, cuites, chaudes
parmesan fraîchement râpé pour garnir

Dans la mijoteuse, mélanger tous les ingrédients sauf le brocoli, le jus de citron, le sel, le poivre, les macaronis et le fromage. Fermez le couvercle et faites cuire à pleine puissance pendant 4 à 5 heures, en ajoutant le brocoli au cours des 20 dernières minutes. Assaisonner avec du jus de citron, du sel et du poivre. Servir sur des pâtes saupoudrées de parmesan.

Poulet au cidre et à la crème

Le plat glamour de Carolyn Humphries nécessite peu d'effort. Vous pouvez utiliser du jus de pomme ou du cidre à la place.

pour 4 personnes

450 g de légumes mélangés surgelés et cuits à la vapeur, comme du maïs sucré, des carottes et des haricots verts
100 g de champignons de Paris frais ou tranchés surgelés
450 g de viande de poulet coupée en dés
45 ml/3 cuillères à soupe de fécule de maïs
sel et poivre noir fraîchement moulu
2 cuillères à soupe de flocons d'oignon
150 ml/¼ pt de cidre demi-sec
150 ml de bouillon de poulet chaud
1 sachet de bouquet garni
90 ml/6 cuillères à soupe de crème
riz beurré pour servir

2 cuillères à soupe de persil frais ou surgelé haché

Placer tous les ingrédients sauf la crème et le persil dans la mijoteuse et bien mélanger. Couvrir et cuire à puissance élevée pendant 3 heures ou à basse température pendant 6 heures. Retirez le bouquet garni et incorporez-le à la crème. Goûtez et assaisonnez si nécessaire. Servir sur un lit de riz beurré garni de persil.

Poulet aux épinards et riz

Le riz aux épinards accompagne délicieusement ce plat à la française.

Prestation 6

1 poulet entier d'environ 900 g, coupé en morceaux
250 ml de bouillon de poulet
175 g de purée de tomates
8 tomates épépinées et hachées grossièrement
1 oignon, haché
1 petit poivron rouge, haché
50 g de champignons tranchés
1 gousse d'ail, écrasée
½ cuillère à café de basilic séché
½ cuillère à café d'estragon séché
½ cuillère à café de thym séché
une généreuse pincée de noix de coco fraîchement râpée

2 courgettes, tranchées
40 g d'olives noires dénoyautées
1-2 cuillères à soupe de fécule de maïs
2-4 cuillères à soupe d'eau froide
sel et poivre noir fraîchement moulu, au goût
Riz aux épinards (voir ci-dessous)

Mélanger tous les ingrédients sauf les courgettes, les olives, la fécule de maïs, l'eau, le sel, le poivre et le riz aux épinards dans la mijoteuse. Couvrir et cuire à feu doux pendant 6 à 8 heures, en ajoutant les courgettes et les olives pendant les 20 dernières minutes. Allumez le feu et laissez cuire 10 minutes. Ajouter la farine de maïs et l'eau en remuant pendant 2-3 minutes. Saupoudrez de sel et de poivre. Servir sur du riz aux épinards.

riz aux épinards

Un plat de riz polyvalent qui accompagne particulièrement bien les plats méditerranéens.

Prestation 6

½ oignon, haché
huile, pour lubrifier
275 g de riz à grains longs
600 ml/1 litre de bouillon de poulet
150 g d'épinards tranchés

Faire revenir l'oignon dans une poêle moyenne légèrement huilée jusqu'à ce qu'il ramollisse, 2 à 3 minutes. Mélanger le riz et le bouillon et porter à ébullition. Réduire le feu et cuire à couvert pendant environ 25 minutes jusqu'à ce que le riz soit tendre, en ajoutant les épinards pendant les 10 dernières minutes.

Poulet à l'orange et légumes

Le jus et le zeste d'orange sont utilisés pour donner à ce ragoût une saveur d'agrumes rafraîchissante. Servir sur du riz aromatique.

Prestation 6

1,25 kg de filet de poitrine de poulet sans peau

375 ml de jus d'orange

275 g de tomates hachées

250 g de pommes de terre non pelées et coupées en dés

2 oignons, tranchés

2 grosses carottes, tranchées épaisses

2 gousses d'ail, écrasées

½ cuillère à café de marjolaine séchée

½ cuillère à café de thym séché

2 cuillères à café de zeste d'orange râpé

1 morceau de bâton de cannelle (2,5 cm/1 pouce)

2 cuillères à soupe de fécule de maïs

50 ml d'eau

sel et poivre noir fraîchement moulu, au goût

Mélanger tous les ingrédients sauf la fécule de maïs, l'eau, le sel et le poivre dans une mijoteuse de 5,5 pintes/9½ pintes. Couvrir et cuire à feu doux pendant 6 à 8 heures. Allumez le feu et laissez cuire 10 minutes. Ajouter la semoule de maïs et l'eau combinées en remuant pendant 2 à 3 minutes. Saupoudrez de sel et de poivre.

Poulet à l'orange et au gingembre avec courgettes

N'importe quelle courge d'hiver, comme le potiron ou la courgette, convient à ce plat parfumé.

Prestation 6

700 g de filet de poulet sans peau, coupé en dés
250 ml de bouillon de poulet
400 g de tomates hachées en conserve
120 ml de jus d'orange
500 g de potiron ou autre courge d'hiver, pelée et hachée
2 pommes de terre, pelées et hachées
2 petits oignons hachés grossièrement
1 petit poivron vert, haché grossièrement
2 gousses d'ail, écrasées
1 cuillère à soupe de zeste d'orange râpé
½ cuillère à café de gingembre moulu
120 ml de crème sure
1 cuillère à soupe de fécule de maïs

sel et poivre noir fraîchement moulu, au goût
275 g de riz basmati brun ou de nouilles, cuits, chauds

Mélangez la crème sure, la fécule de maïs, le sel, le poivre et tous les ingrédients sauf les nouilles ou le riz dans une mijoteuse de 5,5 pintes/9½ pintes. Couvrir et cuire à feu doux pendant 6 à 8 heures. Ajouter la crème sure et la fécule de maïs combinées en remuant pendant 2 à 3 minutes. Saupoudrez de sel et de poivre. Servir sur des nouilles ou du riz.

Poulet aux Abricots

La moutarde de Dijon et la confiture d'abricots parfument la sauce au vin de cette cocotte.

Prestation 6

700 g de filet de poulet sans peau, coupé en quartiers
75 ml de bouillon de poulet
75 ml/2½ fl oz de vin blanc sec ou de bouillon de poulet
90 g de confiture d'abricots
1 carotte, hachée
1 branche de céleri, hachée
4 oignons nouveaux, tranchés
2 cuillères à soupe de moutarde de Dijon
1 cuillère à café de romarin séché, haché
1 cuillère à café de poivron rouge
50 g/2 oz de petits pois surgelés, décongelés
1-2 cuillères à soupe de fécule de maïs
2-3 cuillères à soupe d'eau
sel et poivre noir fraîchement moulu, au goût
100 g de riz, cuit, chaud

Mélanger tous les ingrédients sauf les pois, la fécule de maïs, l'eau, le sel, le poivre et le riz dans la mijoteuse. Ajoutez les petits pois dans les 20 dernières minutes, couvrez et laissez cuire à pleine puissance pendant 4 à 5 heures. Ajouter la semoule de maïs et l'eau combinées en remuant pendant 2 à 3 minutes. Saupoudrez de sel et de poivre. Servir sur du riz.

Poulet Aux Noisettes

Les pruneaux et les abricots secs ajoutent de la douceur et de la profondeur de saveur à ce plat de poulet. Si vous souhaitez que la sauce soit un peu plus épaisse, ajoutez 1 à 2 cuillères à soupe de fécule de maïs et 2 à 3 cuillères à soupe d'eau peu avant la cuisson.

pour 4 personnes

450 g de filet de poitrine de poulet sans peau, coupé en cubes (4 cm)
300 ml de bouillon de poulet
2 petits oignons, finement hachés
1 petit poivron rouge, finement haché
1 gousse d'ail, écrasée
½ cuillère à café de gingembre moulu
1 feuille de laurier
200 g de raisins secs mélangés
175 g de pruneaux dénoyautés, hachés grossièrement
175 g d'abricots secs hachés grossièrement
2-4 cuillères à soupe de rhum léger (facultatif)
sel et poivre noir fraîchement moulu, au goût
175 g de riz, cuit, chaud

Mélangez tous les ingrédients sauf les noisettes, le rhum, le sel, le poivre et le riz dans la mijoteuse. Couvrir et cuire à pleine puissance pendant 4 à 5 heures, en ajoutant les fruits secs et le rhum pendant 1h30. Jeter la feuille de laurier et assaisonner de sel et de poivre. Servir sur du riz.

Poulet au vin rouge aux champignons

Basé sur le plat français classique coq au vin, ce plat est très facile à préparer. Servir avec des pommes de terre crémeuses ou du riz et des haricots verts.

pour 4 personnes

une poignée d'oignons hachés surgelés ou 1 oignon nouveau haché

10 ml/2 cuillères à café de beurre ramolli

100 g de saindoux fumé

4 poitrines de poulet sans peau

100 g/4 oz de petits champignons ou 1 x 300 g/11 oz de champignon de Paris, égouttés

300 ml/½ pinte de vin rouge

1 cuillère à soupe de purée de tomates

45 ml/3 cuillères à soupe de fécule de maïs

2 cuillères à soupe de cognac

250 ml de bouillon de poulet chaud

5 ml/1 cuillère à café de sucre cristallisé

2,5 ml/½ cuillère à café d'herbes mélangées séchées

sel et poivre noir fraîchement moulu

persil frais haché pour garnir

Dans la mijoteuse, mélanger l'oignon avec le beurre. Parsemer de lardons, puis ajouter le poulet et les champignons. Mélangez le vin avec le concentré de tomates et la fécule de maïs jusqu'à obtention d'un mélange homogène, puis ajoutez le cognac, le bouillon, le sucre et les herbes aromatiques. Verser sur le poulet et saupoudrer de sel et de poivre. Couvrir et cuire à feu vif pendant 3 heures ou doux pendant 6 heures jusqu'à ce que la sauce soit riche et que le poulet soit tendre. Bien mélanger. Goûtez et assaisonnez si nécessaire. Garnir d'un peu de persil haché.

Poulet Véronique

Les raisins rouges et verts sans pépins ajoutent de la saveur et de la couleur à ce plat traditionnel. Servir sur du riz aromatique comme le jasmin ou le basmati.

pour 4 personnes

450 g de filet de poulet coupé en quartiers dans le sens de la longueur

300 ml de bouillon de poulet

50 ml de vin blanc sec (facultatif)

50g de poireau émincé (partie blanche uniquement)

4 oignons nouveaux

2 gousses d'ail, écrasées

¾ cuillère à café d'estragon séché

50 g de raisins rouges sans pépins, coupés en deux

50 g de raisins verts sans pépins, coupés en deux

2 cuillères à soupe de fécule de maïs

50 ml d'eau froide

sel et poivre noir fraîchement moulu, au goût

Dans la mijoteuse, mélanger tous les ingrédients sauf les raisins, la fécule de maïs, l'eau, le sel et le poivre. Couvrir et cuire à pleine puissance pendant 4 à 5 heures en ajoutant les raisins pendant les 10 dernières minutes. Ajouter la semoule de maïs et l'eau combinées en remuant pendant 2 à 3 minutes. Saupoudrez de sel et de poivre.

Poulet à l'estragon et à la moutarde

L'estragon anisé est souvent cuisiné avec du poulet, et ici il est associé à de la moutarde de Dijon pour une saveur douce et acidulée.

pour 4 personnes

450 g de filet de poulet sans peau, coupé en dés
250 ml de bouillon de poulet
2 oignons hachés, tranchés
1 grosse carotte, tranchée
100 g de petits choux de Bruxelles coupés en deux
2 petites branches de céleri, hachées
1-2 cuillères à soupe de moutarde de Dijon
2 cuillères à café d'estragon séché
2 cuillères à café de cassonade
1 cuillère à café de jus de citron
2 cuillères à soupe de fécule de maïs
50 ml d'eau
sel et poivre noir fraîchement moulu, au goût
75 g de riz cuit, chaud

Mélanger tous les ingrédients sauf la fécule de maïs, l'eau, le sel, le poivre et le riz dans la mijoteuse. Couvrir et cuire à feu doux pendant 6 à 8 heures. Allumez le feu et laissez cuire 10 minutes.

Ajouter la semoule de maïs et l'eau combinées en remuant pendant 2 à 3 minutes. Saupoudrez de sel et de poivre. Servir sur du riz.

Poulet au miel et moutarde

La moutarde de Dijon et le miel ont une touche épicée, et une pincée de curry est ajoutée pour donner un coup de fouet à cette recette de poulet.

pour 4 personnes

450 g de filet de poulet sans peau, coupé en dés
375 ml de bouillon de poulet
225 g de petits bouquets de chou-fleur
2 oignons, hachés
1 grosse carotte, tranchée
2 cuillères à soupe de miel
1 cuillère à soupe de moutarde de Dijon
1-2 cuillères à café de curry en poudre
1-2 cuillères à soupe de fécule de maïs
2-4 cuillères à soupe d'eau
sel et poivre noir fraîchement moulu, au goût
75 g de riz cuit, chaud

Mélanger tous les ingrédients sauf la fécule de maïs, l'eau, le sel, le poivre et le riz dans la mijoteuse. Couvrir et cuire à pleine puissance pendant 4 à 5 heures. Ajouter la semoule de maïs et l'eau combinées en remuant pendant 2 à 3 minutes. Saupoudrez de sel et de poivre. Servir sur du riz.

Curry chinois de poulet, chili et maïs

Un curry léger et rapide de Carolyn Humphries.

pour 4 personnes

une poignée d'oignons hachés surgelés ou 1 oignon nouveau haché

1 cuillère à soupe d'huile de tournesol

450 g de viande de poulet coupée en dés

45 ml/3 cuillères à soupe de fécule de maïs

1 gros poivron frais, tranché

100 g/4 onces de maïs frais ou surgelé en épi

200 ml de bouillon de poulet chaud

10 ml/2 cuillères à café d'ail émincé en pot ou 2 gousses d'ail émincées

1 cuillère à soupe de poudre de curry léger

10 ml/2 cuillères à café de cassonade claire

2 cuillères à soupe de sauce soja

sel

riz pour servir

Dans la mijoteuse, mélanger l'oignon avec l'huile. Enduisez le poulet de semoule de maïs et placez-le dans la mijoteuse avec le reste de semoule de maïs. Saupoudrer de poivron et d'épis de maïs. Mélangez le bouillon avec tous les autres ingrédients et versez dessus. Couvrir et cuire à feu élevé pendant 3 heures ou à feu doux pendant 6 heures jusqu'à ce que le poulet soit vraiment tendre et que la sauce épaississe. Remuer délicatement, goûter et saler si nécessaire. Servir avec une cuillère sur du riz.

Poulet aigre-doux aux légumes

Le poulet et les légumes sont mijotés dans du cidre et arrosés de miel et de vinaigre pour un goût aigre-doux rafraîchissant.

Prestation 6

450 g de filet de poulet sans peau, coupé en dés
120 ml/4 fl oz de jus de pomme ou de jus de pomme
130 g / 4½ onces de tomates en dés en conserve
350 g de potiron ou courge d'hiver, pelé et haché
175 g de pommes de terre farineuses, pelées et hachées
175 g de patates douces pelées et hachées
100 g de maïs sucré, décongelé s'il est congelé
150 g d'échalote hachée
½ poivron rouge, haché
2 gousses d'ail, écrasées
1½ cuillères à soupe de miel
1½ cuillères à soupe de vinaigre de cidre de pomme
1 feuille de laurier

¼ cuillère à café de noix de coco fraîchement râpée
1 petite pomme à cuire, pelée et tranchée
sel et poivre noir fraîchement moulu, au goût
100 g de riz basmati, cuit, chaud

Mélangez tous les ingrédients sauf les pommes, le sel, le poivre et le riz dans la mijoteuse. Couvrir et cuire à feu doux pendant 5 à 6 heures, en ajoutant la pomme dans les 20 dernières minutes. Jetez la feuille de laurier. Saupoudrez de sel et de poivre. Servir sur du riz.

Poulet aux tomates et haricots

Le vin rehausse la saveur des tomates dans cette trempette au poulet. Parfait servi sur de la polenta ou du riz.

Prestation 6

700 g de filet de poulet sans peau, coupé en dés
400 g de tomates hachées en conserve
400 g de haricots cannellini, égouttés et rincés
250 ml de bouillon de poulet
120 ml/4 fl oz de vin blanc sec ou un supplément de bouillon de poulet
50 ml de purée de tomates
175 g de champignons tranchés
2 oignons, tranchés
2 gousses d'ail, écrasées
2 cuillères à café de jus de citron
1 feuille de laurier
½ cuillère à café de thym séché
¼ cuillère à café de thym séché

sel et poivre noir fraîchement moulu, au goût

Mélanger tous les ingrédients sauf le sel et le poivre dans la mijoteuse. Couvrir et cuire à feu doux pendant 6 à 8 heures. Jetez la feuille de laurier. Saupoudrez de sel et de poivre.

couscous poulet

Cette recette de Carolyn Humphries est douce et piquante.

pour 4 personnes

8 petites ou 4 grosses cuisses de poulet sans peau
4 tranches de poitrine de porc, coupées en deux
une poignée d'oignons hachés surgelés ou 1 oignon nouveau haché
2 grosses poignées de poivrons mélangés surgelés, tranchés, ou 1 poivron rouge et 1 poivron vert frais, tranchés
2,5 ml/½ cuillère à café de piment rouge broyé ou de flocons de piment rouge séchés provenant d'un pot
1 cuillère à soupe de sucre roux clair
2,5 ml/½ cuillère à café de cannelle moulue
une bonne pincée de clous de girofle moulus
2,5 ml/½ cuillère à café de thym séché
10 ml/2 cuillères à café de vinaigre de vin rouge
300 ml de bouillon de poulet chaud
Sel et poivre noir fraîchement moulu
225 g de couscous
salade verte pour servir

Placer le poulet, le porc, l'oignon, les poivrons et le poivron rouge dans la mijoteuse. Mélanger tous les autres ingrédients sauf le couscous et verser dessus en assaisonnant avec du sel et beaucoup de poivre au goût. Couvrir et cuire à puissance élevée pendant 4 heures ou à basse température pendant 8 heures jusqu'à ce que tout soit tendre. Incorporez délicatement le couscous, couvrez à nouveau et laissez à feu doux pendant 5 minutes jusqu'à ce que le couscous absorbe l'eau. Épluchez légèrement le couscous à la fourchette et servez-le dans des bols. Accompagnez-le de salade verte.

Poulet aux Légumes et Lentilles

Cette cocotte saine combine du poulet et des lentilles avec un mélange de légumes verts. Servir dans des bols peu profonds.

Prestation 6

1 poulet (environ 1,5 kg/3 lb), coupé en morceaux
400 g de tomates hachées en conserve
375 ml de bouillon de poulet
175 g de lentilles brunes ou du Puy
1 branche de céleri, tranchée
1 carotte, tranchée
75 g de fleurs de brocoli
1 oignon, haché
2 gousses d'ail, écrasées
½ cuillère à café de marjolaine séchée
3 tranches de bacon, cuites jusqu'à ce qu'elles soient croustillantes et friables
sel et poivre noir fraîchement moulu, au goût

Mélangez tous les ingrédients sauf le bacon, le sel et le poivre dans une mijoteuse de 5,5 litres. Couvrir et cuire à feu doux pendant 6 à 8 heures. Incorporer le bacon. Saupoudrez de sel et de poivre.

Poulet au couscous du jardin

Pour préparer cette cocotte, utilisez des légumes de saison cultivés sur place ou achetés au marché et beaucoup de verdure.

Prestation 6

1,25 kg de filet de poitrine de poulet sans peau, coupé en deux ou en quartiers ou

375 ml de bouillon de poulet

4 tomates moyennes, hachées grossièrement

225 g de mini carottes coupées en deux

225 g de shiitake ou de champignons de Paris tranchés

2 oignons, tranchés épaissement

1 navet, haché

1 petit jalapeño ou autre piment fort, finement haché

2 courgettes, tranchées

15 g de coriandre fraîche hachée

sel et poivre noir fraîchement moulu, au goût

75 g de couscous, cuit, chaud

Mélangez tous les ingrédients sauf les courgettes, la coriandre, le sel, le poivre et le couscous dans une mijoteuse de 5,5 litres. Couvrir et cuire à feu doux pendant 6 à 8 heures en ajoutant les courgettes pendant les 30 dernières minutes. Ajoutez la coriandre et assaisonnez de sel et de poivre. Servir sur du couscous.

Ragoût de poulet

Les clous de girofle et les feuilles de laurier ajoutent une touche chaleureuse et légèrement exotique à ce plat. Si vous le souhaitez, vous pouvez utiliser des herbes traditionnelles comme le romarin et le thym.

Prestation 6

700 g de filet de poitrine de poulet sans peau, moitié ou quart
400 ml de bouillon de poulet
2 oignons, coupés en tranches
1 grosse carotte, tranchée
1 grosse branche de céleri, tranchée
2 gousses d'ail, écrasées
16 clous de girofle entiers, ficelés dans un sac en mousseline
2 feuilles de laurier
2 cuillères à soupe de fécule de maïs
50 ml d'eau
1-2 cuillères à café de jus de citron
sel et poivre noir fraîchement moulu, au goût
350 g de nouilles cuites, chaudes

Dans la mijoteuse, mélanger tous les ingrédients sauf la fécule de maïs, l'eau, le jus de citron, le sel, le poivre et les pâtes. Couvrir et cuire à feu doux pendant 6 à 8 heures. Allumez le feu et laissez cuire 10 minutes. Ajouter la semoule de maïs et l'eau combinées en remuant pendant 2 à 3 minutes. Retirez les clous de girofle et les feuilles de laurier. Saupoudrez de sel et de poivre. Servir sur des nouilles.

gombo de poulet

L'ail, le poivron et le gombo font un gumbo délicieux et facile à préparer.

pour 4 personnes

450 g de blanc de poulet coupé en cubes (2 cm)
400 g de tomates en conserve
450 ml de bouillon de poulet
2 oignons, hachés
½ poivron rouge ou vert, haché
2 gousses d'ail, écrasées
½ cuillère à café de thym séché
¼ cuillère à café de flocons de piment rouge moulu
225 g de gombo pelé et coupé en deux
sel et poivre noir fraîchement moulu, au goût
75 g de riz cuit, chaud

Mélangez tous les ingrédients sauf le gombo, le sel, le poivre et le riz dans la mijoteuse. Couvrir et cuire à feu doux pendant 6 à 8 heures en ajoutant le gombo pendant les 30 dernières minutes. Saupoudrez de sel et de poivre. Servir sur du riz.

poulet El Paso

Servez ce plat de poulet avec des tomates, du maïs sucré et des haricots verts sur du riz, parsemé de chips tortilla et de fromage.

pour 4 personnes

450 g de filet de poulet sans peau, coupé en dés
2 boîtes de tomates 400g/14oz
400 g de haricots rouges en conserve, égouttés et rincés
275 g/10 oz de haricots verts, coupés en petits morceaux
225 g de maïs sucré
½ paquet d'assaisonnement pour tacos
sel et poivre noir fraîchement moulu, au goût

Mélanger tous les ingrédients sauf le sel et le poivre dans la mijoteuse. Couvrir et cuire à feu doux pendant 6 à 8 heures. Saupoudrez de sel et de poivre.

Poulet au gombo et pois aux yeux noirs

Les pois aux yeux noirs, le gombo, le maïs sucré et les haricots beurre se marient bien dans ce gombo nutritif. Servir avec une cuillère de pain.

Prestation 6

450 g de filet de poulet sans peau, coupé en dés
450 ml de bouillon de poulet
400 g de tomates hachées en conserve
400 g de pois aux yeux noirs, égouttés et rincés
150 g de haricots beurre en conserve égouttés et rincés
150 g de maïs sucré, décongelé s'il est congelé
1 genou moyen (facultatif)
2 oignons, hachés
½ branche de céleri, hachée
½ petit poivron rouge ou vert, haché
1 feuille de laurier
¼ cuillère à café de thym séché
100 g de gombo, paré et tranché
sel et poivre noir fraîchement moulu, au goût

Mélangez tous les ingrédients sauf le gombo, le sel et le poivre dans la mijoteuse. Couvrir et cuire à feu doux pendant 6 à 8 heures en ajoutant le gombo pendant les 30 dernières minutes. Jeter le jarret et la feuille de laurier. Saupoudrez de sel et de poivre.

poulet du Brunswick

Servez ce repas fait maison avec de la purée de pommes de terre et des légumes verts printaniers légèrement cuits à la vapeur.

pour 4 personnes

450 g de filet de poitrine de poulet sans peau, coupé en cubes (2,5 cm)

250 ml de bouillon de poulet

400 g de pâte de haricots en conserve, égouttée et rincée

400 g de tomates en dés en conserve, égouttées

100 g de maïs sucré

1 oignon, haché

½ poivron vert, haché

¼ cuillère à café de flocons de piment rouge moulu

100 g de gombo, paré et tranché

1-2 cuillères à soupe de fécule de maïs

50 ml d'eau

sel et poivre noir fraîchement moulu, au goût

Dans la mijoteuse, mélanger tous les ingrédients sauf le gombo, la fécule de maïs, l'eau, le sel et le poivre. Couvrir et cuire à pleine puissance pendant 4 à 5 heures en ajoutant le gombo pendant les 30 dernières minutes. Ajouter la semoule de maïs et l'eau combinées en remuant pendant 2 à 3 minutes. Saupoudrez de sel et de poivre.

poulet à la salsa verte

Ce délicieux ragoût est servi dans des bols peu profonds sur des haricots frits et du riz.

Prestation 6

250 ml de bouillon de poulet
450 g/1 lb de dessert instantané ou de salsa verde chaude
1 petite laitue, feuilles tranchées
700 g de filet de poitrine de poulet sans peau, moitié ou quart
1 petit oignon, haché
1 gousse d'ail, hachée
50 ml de crème sure
1 cuillère à soupe de fécule de maïs
15 g de coriandre fraîche hachée
sel et poivre noir fraîchement moulu, au goût
400 g de haricots verts
75 g de riz cuit, chaud

Mélangez le bouillon, la salsa et la laitue dans un robot culinaire ou un mélangeur jusqu'à ce qu'ils soient presque lisses. Ajouter le poulet, l'oignon et l'ail dans la mijoteuse. Couvrir et cuire à pleine puissance pendant 3 à 4 heures. Ajouter la crème sure et la fécule de maïs combinées en remuant pendant 2 à 3 minutes. Incorporer la coriandre. Saupoudrez de sel et de poivre. Servir sur des haricots frits et du riz.

Poulet aigre-doux des Caraïbes

Les saveurs aigre-douces se combinent avec le poulet, l'ananas et les haricots pour ce plat d'inspiration caribéenne. Servir avec du riz au jasmin ou du couscous.

Prestation 6

700 g de filet de poulet sans peau, coupé en quartiers dans le sens de la longueur

450 ml de bouillon de poulet

400 g de haricots noirs en conserve, égouttés et rincés

2 oignons, tranchés

1 poivron vert, tranché

1 poivron rouge, tranché

2 gousses d'ail, écrasées

2 cm/¾ de racine de gingembre frais hachée, finement râpée

2 cuillères à café de jalapeño finement haché ou autre piment moyen

2 cuillères à soupe de cassonade légère

2 cuillères à soupe de vinaigre de cidre de pomme

2-3 cuillères à café de curry en poudre

550 g/1¼ lb de morceaux d'ananas en conserve non sucrés, égouttés

2 cuillères à soupe de fécule de maïs

50 ml d'eau

sel et poivre noir fraîchement moulu, au goût

Dans la mijoteuse, mélanger tous les ingrédients sauf l'ananas, la fécule de maïs, l'eau, le sel et le poivre. Couvrir et cuire à feu doux pendant 6 à 8 heures, en ajoutant l'ananas pendant les 20 dernières minutes. Allumez le feu et laissez cuire 10 minutes. Ajouter la semoule de maïs et l'eau combinées en remuant pendant 2 à 3 minutes. Saupoudrez de sel et de poivre.

Curry de poulet à la banane et aux noix de cajou

Garnissez ce curry de poulet fruité de tranches de bananes ou de bananes et de noix de cajou.

Prestation 6

700 g de filet de poulet sans peau, coupé en dés
375 ml de bouillon de poulet
75 g de pommes séchées
75 g d'abricots secs
75 g de raisins secs
2 oignons nouveaux, tranchés
2-3 cuillères à café de curry en poudre
¼ cuillère à café de flocons de piment rouge moulu
2-3 cuillères à café de jus de citron
sel et poivre noir fraîchement moulu, au goût
100 g de riz, cuit, chaud
1 banane mûre ou banane tranchée
25 g de noix de cajou, hachées

Mélangez tous les ingrédients dans la mijoteuse sauf le jus de citron, le sel, le poivre, le riz, les bananes ou les bananes et les noix de cajou. Couvrir et cuire à pleine puissance pendant 3 à 4 heures. Assaisonner avec du jus de citron, du sel et du poivre. Servir sur du riz et garnir de tranches de banane ou de bananes et de noix de cajou.

Saucisses créoles au maïs sucré

Utilisez n'importe quel type de saucisse que vous aimez dans cette cocotte ; Les saucisses végétales sont également délicieuses. Servir sur des tortillas de riz ou de maïs pour absorber le jus.

pour 4 personnes

350 à 450 g/12 oz à 1 lb de saucisses de dinde épicées, tranchées (2,5 cm/1 po)
2 boîtes de 400g de tomates concassées
2 oignons, hachés
100 g de maïs sucré, décongelé s'il est congelé
½ poivron vert, haché
2 gousses d'ail, écrasées
½ cuillère à café de thym séché
sel et poivre noir fraîchement moulu, au goût
Sauce Tabasco, pour servir

Mélanger tous les ingrédients sauf le sel et le poivre dans la mijoteuse. Couvrir et cuire à pleine puissance pendant 4 à 5 heures. Saupoudrez de sel et de poivre. Servir avec une sauce Tabasco.

Haricots noirs et gombo gombo

Le filet de gumbo est un mélange d'épices traditionnel que vous pouvez trouver dans les épiceries spécialisées. Vous pouvez le remplacer par de la poudre de chili. Le gombo est servi uniquement sur des tortillas de maïs chaudes.

pour 8 personnes

450 g de saucisses de dinde fumée, tranchées
400 g de tomates en conserve
2 boîtes de 400 g de haricots noirs, égouttés et rincés
250 ml de bouillon de poulet
225 g de petits champignons
2 oignons, hachés
1 poivron rouge, haché
1 poivron vert, haché
1 grosse carotte, tranchée
1 cuillère à soupe de piment
1 cuillère à café de filet de gombo
2 tasses de gombo, décortiqué
sel et poivre noir fraîchement moulu, au goût

Mélangez tous les ingrédients sauf le gombo, le sel et le poivre dans une mijoteuse de 5,5 pintes/9½ pintes. Couvrir et cuire à feu doux pendant 6 à 8 heures en ajoutant le gombo pendant les 30 dernières minutes. Saupoudrez de sel et de poivre.

Cordonnier facile au poulet et au céleri

Préparez ce cordonnier facile en utilisant des beignets achetés. Ce plat peut également être servi sur des nouilles ou de la purée de pommes de terre.

Prestation 6

700 g de filet de poulet sans peau, coupé en dés
375 ml de bouillon de poulet
2 oignons, hachés
3 carottes, tranchées épaisses
1 branche de céleri, tranchée
¾ cuillère à café de sauge séchée
2 cuillères à soupe de fécule de maïs
50 ml d'eau
sel et poivre noir fraîchement moulu, au goût
50 g de petits pois surgelés, décongelés
3 muffins nature, coupés en deux

Mélanger tous les ingrédients sauf la fécule de maïs, l'eau, le sel, le poivre, les pois et les petits pains dans la mijoteuse. Couvrir et cuire à feu doux pendant 6 à 8 heures. Allumez le feu et laissez cuire 10 minutes. Ajouter la semoule de maïs et l'eau combinées en remuant pendant 2 à 3 minutes. Saupoudrez de sel et de poivre. Ajoutez les petits pois et placez les moitiés de muffins, côté coupé vers le bas, dans le moule. Couvrir et cuire 10 minutes.

Poulet indonésien à la noix de coco

Ce plat épicé est enrichi des saveurs uniques du lait de coco et du gingembre.

Prestation 6

700 g de filet de poulet sans peau, coupé en dés

250 ml de lait de coco

250 ml de bouillon de poulet

400 g de haricots rouges, égouttés et rincés

1 oignon, tranché finement

½ gros poivron vert, tranché finement

2 oignons nouveaux, tranchés

1 gousse d'ail, écrasée

2 cm/¾ de racine de gingembre frais hachée, finement râpée

1 cuillère à soupe de fécule de maïs

2 cuillères à soupe de jus de citron

sel et piment fort, au goût

100 g de riz, cuit, chaud

coriandre fraîche finement hachée pour la garniture

Mélanger tous les ingrédients sauf la fécule de maïs, le jus de citron, le sel, le poivre de Cayenne et le riz dans la mijoteuse. Couvrir et cuire à feu doux pendant 6 à 8 heures. Allumez le feu et laissez cuire 10 minutes. Ajouter la farine de maïs et le jus de citron en remuant pendant 2-3 minutes. Assaisonner avec du sel et du piment. Servir sur du riz généreusement saupoudré de coriandre.

www.ingramcontent.com/pod-product-compliance
Lightning Source LLC
Chambersburg PA
CBHW050149130526
44591CB00033B/1215